M-1はじめました。

谷良一

Tani Ryoichi

東洋経済新報社

2002年に49歳で亡くなられた松本裕嗣さん、
2013年に54歳で亡くなられた市川寿憲さんに
謹んで哀悼の意を表すとともに本書を捧げます。

2001年12月25日
東京成城
東京メディアシティ

ぼくはわくわくしていた。いよいよ始まるのだ。

この数か月、この日のために走り回ってきた。

これから漫才がどうなるか、今日の結果によってすべてが決まる。


ぼくはみんなを盛り上げてやろうと思い、楽屋に入った。

驚いた。

異様な雰囲気だ。10組の漫才師が一堂に会しているのだから、わいわいと賑やかに盛り上がっていると思っていたら、みんな申し合わせたように黙りこくっている。空気が重い。

漫才師たちはぽつんぽつんと思い思いの席に座っている。ほとんどみんな、ひっきりなしにたばこを吸っては消し、すぐにまた火を付ける。意味もなく歩き回っているやつもいる。中川家の剛《つよし》が空嘔吐《からえず》きをしている。それなのに、またたばこを吸う。

みなが一様に緊張しているのが感じられ、冗談を言える雰囲気ではなかった。

本番までまだ1時間以上ある。奇異に感じるのは全員が黒タキシードを着ていることだ。オープニングは、全員がこの衣装で颯爽と登場するシーンから始まる。

ぼくは居たたまれなくなって楽屋を出た。あの緊張した空気の中にいるのは耐えられない。かといって安易な言葉をかけられる雰囲気でもない。

廊下には1000枚の1万円札が大きな透明パネルの中に入れられて展示してあった。1000万円分の1万円札だ。並べてみると1000万円は意外に少なかった。たったこれだけか、と思った。

けれどもこの1000万円のために、みなしゃかりきに奔走してきたのだ。

そしてこの1000万円をかけて10組の漫才師が今からしのぎを削るのだ。

間もなく生放送が始まる。

もくじ

第一章

はじまり

漫才プロジェクト

２００１年、新しい世紀が始まった。

２００１年をタイトルにつけた映画では人類は宇宙の旅ができるようになっていたが、そんな年にぼくは吉本興業というお笑いの会社でくすぶっていた。入社以来ずっと携わっていた制作の仕事から外れて制作部の総務デスクのような仕事をしていた。

制作営業総務室室長、これが今のぼくの肩書きだ。制作か営業か総務か、いったいどこに重点が置かれているのだと突っ込みたくなる。

１９８１年に大学を出て吉本興業株式会社に入社したぼくは、芸人さんのマネージャーや劇場のプロデューサー・支配人、テレビ番組の制作という仕事をしてきた。

ところが１年前に43歳で今の部署に移ってからは、制作ではなく、それをやっている若い連中の補助・アシスタントみたいなことをやっている。一日中デスクに座って、会議の資料や議事録をつくったり、部署間の連絡係程度のことをするのがぼくの仕事だ。

当然おもしろくない。制作部時代のようにあちこち飛び回ったり、タレントと一緒に何かをつくり出すというクリエイティブな仕事ではなかった。正直、毎日会社に行くのがつまらなかった。入社以来、こんなことは初めてだ。

毎日つまらなそうな顔をして愚痴をこぼしているのを見かねたのか、妻から「そんなにいやなら会社辞めはったらどうですか」と言われた。

妻は時々大胆なことを言う。怒っているのではないし、嫌みで言っているのでもない、本気で心配しているのだ。

少しは本気で辞めることも考えていたのに、そう言われると不思議なもので、いや辞めないという気になった。それに、本当は辞めるなんてできない。今、吉本を辞めてどうするのか。他に行く当てもない。何かの資格を持っているわけでもない。家のローンもあるし、3人の子どもはまだ小さい。ハナから本気で考えてなかった。

ただ、そんなに会社に行くのが嫌そうに見えるのかと思って少し反省した。心配をかけていたとしたら最低だ。つまらなそうな顔をするのはやめようと思った。

そんな毎日に飽き飽きしていたある日、木村政雄常務の秘書の松川君が「常務がお呼びです」と呼びに来た。彼女は制作営業総務室の一員で組織的にはぼくの部下で、木村常務と他ふたりの取締役の秘書なのだが、木村常務専属のようになっていた。それほどに木村常務が忙しく動き回っているということなのだが。

その木村さんに呼ばれる理由がわからなかった。最近、怒られるようなミスをした覚えはなかった。そんな仕事もしていない。

ドアをノックして常務室に入ると、木村常務は部屋の一番奥のデスクに座ってたばこを吸っていた。壁際の本棚にはビジネス本がぎっしりと詰まっている。

「ミスター吉本」と呼ばれる木村常務はクールな切れ者として知れ渡っていた。

中肉中背、鋭い目つきで睨まれるとすくんでしまう。吸っているたばこはマルボロだが、ライターから時計、ボールペンやサイフ、バッグ、スーツに至るまですべてダンヒルで統一して、隙のない身だしなみをしている。

「お呼びでしょうか」

「今度、漫才と新喜劇のプロジェクトをつくることにした。両方とも今低迷しているやろ。それを盛り上げてほしいんや。新喜劇は木山に、谷には漫才プロジェクトのリーダーをしてもらう。部署を横断して漫才を盛り上げていくプロジェクトや」

木村常務は抑揚のない声で唐突にそんなことを言った。

漫才プロジェクト？　漫才を盛り上げる？

具体的に何をするのか？　よくわからなかったが、やりがいのない今の部署よりも楽しそうだ。漫才が好きなぼくには、少なくとも今より悪くなることはないだろう。良かったと思った。

つまりはテレビ・ラジオ部や劇場制作、営業促進など部署ごとに分かれている組織を横断して、漫才に関してはすべて漫才プロジェクトが主導してやるということだ。

「他に誰がいるんですか」

「お前ひとりや」

木村常務は当然だという顔で言った。

ひとり！　ひとりでプロジェクトと言えるのか？　部下のいないリーダーか。

「誰か部下はいないのですか」

「部下？　部下なんかいるか？」

木村常務は不思議なことを言うやつだという顔でぼくを見た。いるに決まってるでしょう。

「ひとりでできることは限られてます。ふたりになれば、できることは2倍以上になるはずです。誰でもいいので、新入社員でもいいので誰かつけてください」

ぼくは必死で訴えた。

「そんなもんいるかなあ。まあ、考えとくわ」

常務は、話は終わりだという感じで打ち切った。

おそらく考えてくれないだろうなあと思いながら部屋を出た。

常務はこのプロジェクトのことを本当はどう考えているのだろうか。漫才を復活させたいと真剣に考えているのなら、ひとりのプロジェクトなんてありえない。表面上は漫才に力を入れていますよという態度を取っているけれども、本気で考えていないのではないかと思った。

もしかしたら、うまくいったら儲けものぐらいに考えているのかもしれない。漫才好きのぼくにダメ元でやらせてみて、万が一うまく行きそうになったらそのとき初めてプロジェクトを始動しようと計画しているのではないか。ぼくはそう疑った。

あるいはぼくの扱いに困って放り出したかったのかもしれない。現に先輩のTさんはひとりのプロジェクトをやらされている。横で見ていて露骨ないじめではないかと思った。ぼくも同じではないのか。

でもそれでもいい、今の部署を抜け出せるならなんでもいい。それに、ぼくの大好きな漫才をやれるんだから最高ではないか。結果さえ出せばいいのだ。そう考えることにした。


ここで木村常務のことを紹介しておきたい。

木村政雄さんは１９４６年の生まれで、当時54歳。ぼくより10歳年上だが、とても10歳違いとは思えない実績を上げていた。

横山やすし・西川きよしのマネージャーとして辣腕を振るい、やすきよを日本一の漫才師にした。以後もたくさんのタレントを売り出し、東京事務所の所長として東京の市場を開拓し、漫才ブームに乗って吉本の売り上げを飛躍的に伸ばした。その後、大阪に戻り制作部長になり、常務になった今はミスター吉本と言われていた。

一見穏やかだが、その裏には冷静な計算と鉄の意志を持っている。ときには大胆な行動力を発揮した。吉本のタレントを守るためには強引なこともした。事前の約束と違うと言って、出演するタレントをいっせいに引き上げ、ディレクターやプロデューサーをあわてさせたことも何度かあるようだ。その話を聞いて、日頃テレビ局に頭の上がらないぼくたちは痛快な思いをした。

制作部の課長・部長連中がゴルフや北新地通いや麻雀に明け暮れている中、木村さんだけが仕事をしていると言われたのもあながち冗談でもなかったのかもしれない。

ぼくが吉本興業に入った頃、制作部の人間は社長よりも誰よりも木村さんを恐れていた。木村さんがまだ東京事務所にいる頃、大阪にいるマネージャーは、「木村さんから電話です」と伝えられると、やりかけの仕事も放り出して電話に出たものだった。待たせると機嫌が悪くなるのだ。でもどんなに急いでも必ずメモとペンを忘れてはいけない。メモをしとかないとえらい目に遭う。

木村さんは仕事の内容を読み上げる。

「○月×日、△△テレビ、第三スタジオに何時何分の入り、タイトルは○○、担当は××、内容は……、他の出演者は○○、電話番号は△△……」これを超早口で言われる。メモが追いつかない。聞き取りにくくてわからないことがあっても、聞き返すと怒られる。同期の玉利寛君が聞き返してぼろくそに怒られた。言い終えると電話はガチャンと切られる。残されたメモは半分以上読み取れない。

担当しているタレントだけならいいのだが、ときには他に何組ものメンバーを言われたり、3つの番組を言われたりする。他の出演者や司会は誰でとかまで言われるのでパニックになる。書き切れない。ペンが追いつかないのだ。でも聞き返せない。聞き取れてないとわかっていてわざと早口でしゃべっているのではないかとさえ思った。

そのときは、先輩に聞いたり、テレビ局に電話して、さも確認するかのように入り時間や担当者の名前、番組内容を探ってなんとかしなければならない。

そんな新人時代を経て、ぼくも木村さんも部署が替わったり、立場が変わったりしたが、総じて関係は良くなかった。吉本流に言うと「木村さんにはまってなかった」ということになる。

これは芸人さん独特の言い回しで、会社やテレビ局の偉い人と良い関係にあれば「はまっている」、悪いと「はまってない」という言い方をするのを社員も使っていたのだ。

もちろんそれは木村さんが悪いわけではなく、ぼくの能力や態度に問題があったのだろうが、若いときはそれがわからず、あの人にははまってないからダメなんだと責任転嫁していただけかもしれない。

木村常務の部屋からデスクに戻ったぼくは、さてどうしようかと考えた。

漫才プロジェクトをどうするかだ。ブームの過ぎ去った漫才をどう盛り上げたらいいのだろう。

そもそも吉本というのはお笑いの会社として90年（当時）続いてきた会社だ。明治の終わりに大阪の天神橋で場末の寄席小屋を持ったことに始まり、戦前には大阪、京都、神戸、横浜、東京に80以上の寄席小屋を持っていた。戦争でそれらをすべてなくし、戦後は映画館経営や映画製作を行っていた。

１９５９年にうめだ花月劇場をつくり演芸を復活してからは、落語や漫才、よしもと新喜劇というコメディを中心に大きくなって、現代まで続いている。今や東京をはじめとして全国に支社、事務所があり、いくつもの劇場を持っている。多くの人気タレントを抱えて、吉本のタレントがテレビに出ない日はないと言われている。

吉本はその会社規模から言えば中小企業のひとつにすぎないのだが、知名度は驚くほど高く、全国にその名を知られている。

漫才とよしもと新喜劇はその吉本興業の二本柱だった。

落語では笑福亭仁鶴《にかく》、桂三枝《さんし》という大スターを生み出し、その後もザ・パンダというユニットを組んだ林家小染《こそめ》、月亭八方《はっぽう》、桂きん枝《し》、桂文珍《ぶんちん》という人気者を輩出したが、どちらかというと吉本の中では冷や飯を食わされていた。

確かに2001年の今、漫才は盛り上がっているとは言えないが、ぼくが吉本に入社した1981年は漫才ブームの真っ盛りだった。

やすし・きよし、B&B、ザ・ぼんち、ツービート、紳助《しんすけ》・竜介《りゅうすけ》、太平サブロー・シローといった漫才師が連日テレビを賑わせていた。彼らが出演する劇場にはファンの女の子が殺到し、キャーキャーと黄色い声援を上げた。テレビでは連日漫才が放送され、漫才特番がつくられ、漫才師がテレビ番組の司会をするようになった。彼らが出したレコードや本までもものすごく売れた。漫才師は睡眠時間を削って忙しく走り回り、日本中に漫才があふれていた。元々漫才が好きだったぼくは、ほんとに良い会社に入ったと思ったものだ。でも、その漫才ブームは3年も経たないうちに終わってしまった。あの狂騒は何だったのかと思えるぐらいに早かった。

今から思うと、漫才師も会社も、初めてのことでどう対処したらいいかわからないまま、漫才ブームという大波にさらわれたようなもので、あっという間に流され、そして沈んでしまった。戦略も何もないまま、突っ走っていたのだ。

あれほどあった漫才番組はたちまちのうちに1本もなくなった。劇場にお客さんが来なくなり、閑古鳥が鳴くようになった。団体のお客さんを取ってくる団体営業部の人間は専用のライトバンに乗って全国の旅行代理店をまわり営業しまくった。途中で100枚持っていった名刺がなくなると、その町のスピード名刺店に飛び込んで名刺を印刷した。それだけ営業をしまくったにもかかわらずお客さんは来なかった。

ただ、漫才ブームは去ったが、吉本興業の何人かの芸人は生き残り、次の次元に入っていた。

それがバラエティ番組の司会者として生き残った漫才師・島田紳助や落語家・明石家さんまである。彼らは全国ネットの番組を任されるようになった。

また、漫才ブームの渦中に吉本が新しくつくった吉本総合芸能学院（NSC）からはダウンタウンや今田耕司、千原兄弟、ナインティナインという新たな才能が次々と頭角を現し、吉本の新しい戦力となっていた。

長く低迷していた新喜劇も1989年に「吉本新喜劇やめよッカナ?キャンペーン」という思い切ったプロモーションのおかげで息を吹き返し、劇場に安定して客を呼べるソフトになっていた。

「やめよッカナ?キャンペーン」とは、うめだ花月に半年間で18万人のお客さんが入らなければ新喜劇をやめますよというもの。

これも木村常務と、後に社長になった大崎洋プロデューサーが仕掛けた新喜劇復活企画であった。

劇場には18万人をゴールとするグラフが置かれ、動員数が毎日記されていった。当時なんばグランド花月では新喜劇をやっていなかったため、唯一新喜劇が観られるうめだ花月には、新喜劇をなくしてたまるものかというお客さんが駆けつけ、一応目標は達成されて、吉本新喜劇は存続することになった。

その後、漫画など多方面で活躍するみうらじゅんさんと、ぼくの同期の竹中功君がプロデュースした「吉本ギャグ１００連発」の大ヒットもあって、吉本新喜劇は再び人気を回復した。

このように、会社は右肩上がりの成長を続けていたが、こと漫才に関しては低迷していた。ここ数年は漫才師の中から新しいスターが出てきていなかった。相変わらずベテラン漫才師たちががんばっていて、寄席の最後の３組（シバリ・モタレ・トリ）の出番は若い者に渡さなかった。逆に言えば、ベテランを脅かすような新しい戦力が出ていないということだ。

こんな状況にある漫才を立て直すのは、ただ事じゃない。

ぼくはだんだん自分の置かれた厳しい立場がわかってきた。

漫才の衰退を偉そうに語っているぼくだって、テレビ番組の制作部門にいたときもバラエティ番組やコメディはつくったが、漫才そのものを見せる番組はあまりつくらなかった。そんなものは漫才師を並べておくだけで、誰でもできる番組だとバカにしていたぐらいだ。漫才師たちも漫才番組に出るよりもバラエティ番組のレギュラーになることを強く望んでいた。

要するに、漫才は漫才ブームとともに終わった古いものだという思いが世間にあったのかもしれない。いや、ぼく自身も漫才に飽きていた。それぐらい漫才ブームで漫才は露出しすぎ、消費されまくったのだ。

漫才は、劇場や営業先でやるものとなり、テレビでやるようなコンテンツではなくなっていた。その劇場も、漫才ブームのときのように若い女の子は足を運ばなくなり、地方からの団体さんやお年寄りが中心だった。一部のお笑い好き、漫才や落語や新喜劇のファンは定期的に来てくれていたが、世間一般からは忘れられた存在になっていた。

そんな落ち目の漫才を盛り上げねばならない。しかもたったひとりで。

考えていると途方に暮れてしまった。

こうして、たったひとりのプロジェクト「漫才プロジェクト」はスタートしたのだが、何から手をつけたらいいのかぼくは迷っていた。やらねばならないことが無数にあった。

そこで、ぼくが最初にやったのは漫才師の現状を把握することだった。吉本の劇場をまわって漫才師を視察することにした。

吉本には基幹劇場として858席の「笑いの殿堂　なんばグランド花月」と若手の劇場として233席の「baseよしもと」というふたつの劇場があった。

それ以外に、うめだ花月シアターは演劇専門の劇場に変わっていた。東京の銀座7丁目劇場と渋谷公園通り劇場は1999年、1998年に閉鎖されたが、新宿に近々劇場がオープンする予定だった。

なんばグランド花月に行くとお客さんは六分の入りだった。まあまあだ。最近は満席になることはほとんどなかった。新学期、新年度が始まって、みんなが張り切っている春先に、スーツ姿で寄席に来ている男性は他にいなかった。きっと、サラリーマンがサボって観に来ていると思われていただろう。

この劇場は漫才、落語、マジックやアクロバット、よしもと新喜劇といういろいろなものが3時間ほどの中に詰まっている。中堅からベテランの芸人はひと組10〜15分、新喜劇は50分の時間を割り当てられていた。

客席は地方から観光バスに乗ってやってくる「団体さん」が目立った。とは言うものの花月の団体の比率は50％台で、他の商業劇場はもっと団体比率が高く、6〜7割が団体客だと聞いている。

ぼくは客席の一番後ろの席に演者から隠れるように座った。舞台から社員が見えると演者がやりにくいだろうと思うからだ。

マネージャーをしていたときは、芸人さんから見えるようにあえて立ち見で観たものだ。そして、芸人さんを喜ばすためにあえて大笑いした。テレビ局でもフロアーディレクターやアシスタントディレクターが大きな声で笑うのはタレントをのせるためだ。

今日は、ふだんどんなネタをしているのか、どれぐらいウケているのかを偵察に来たので目立ってはならない。

久しぶりに客席でじっくり観ていると、やはりこの劇場はよくできていると思った。若手から始まって中堅・ベテランと、次から次に芸人が出てきて芸を披露する。人気のある者もそうでない者も、若手もベテランもそれなりの芸を持っていてお客を笑わせにくる。それはマジックでもアクロバットでも一緒だ。お客さんを楽しませようとみんな一生懸命だ。それが客席にも伝わってくる。

観ているうちにどんどんのってきて、お客さんと一緒に声を出して笑っていた。これだけいろいろなタイプの芸人が、手を変え品を変え笑わせにかかってくる劇場は他にないだろう。ぼくが入社したときの社長の八田竹男さんが「花月はまぜご飯だ」と言われたそうだが、まさにそうだと思った。いろいろな味が楽しめるのだ。

トップに出てくる若手は、と言っても30歳を越えているが、ネタをしっかりつくっている。なんばグランド花月に常時出演している芸人は劇場で絶対にウケる鉄板ネタを持っている。お客さんはおもしろいように笑った。どうしてこれだけ内容の詰まった劇場が満席になっていないのか不思議だった。

ただ、それと同時に、15分間の持ち時間が長く感じられた。花月劇場のひと組の出番は15分と決まっているが、テレビの演芸番組はベテランでも7〜8分、若手だと3〜4分しか与えられない。観ている側はいつの間にかその時間に慣れてしまい、劇場のネタ時間15分を長く感じた。ひと組やふた組ならいいのだが、これが3組も4組も続くととても長く感じる。

昔は漫才も30分、40分やることもざらだったそうだが、時代とともにだんだん短くなってきて、今や15分。それですら長く感じてしまう。業界にいるぼくでさえそうなのだから、一般人や若い人はなおさらだろう。

なんばグランド花月の次に、花月の向かいのビルの地下にあるｂａｓｅよしもと劇場を観に行った。ここは若手芸人のための劇場で、花月劇場と違って２００あまりの客席には若い女の子の姿が多い。95％が10代20代の女の子だ。

ここでも後ろの席に座ろうと思ったが、席が埋まっていたので、立ち見で観ることにした。でも、ここに出ている若手はぼくのことを知らないだろうから見られても大丈夫だ。10代20代の女の子に交じって40代の男は浮いていただろうけど仕方がない。

実はここはあまり期待していなかった。どうせ人気だけの芸人が漫才のまねごとをしているのだろうぐらいに思っていたのだ。

ところが舞台が始まるや驚いた。次々と出てくる芸人が予想に反してみんなおもしろかった。ピン芸やコントをする子に交じって漫才をする子もいる。それが、なかなかどうして、想像以上にレベルが高いのだ。従来の漫才とは全く違う視点から漫才をつくっていて、とても新鮮な驚きがあった。

客席の女の子たちはコントであろうと漫才であろうと、誰に対してもキャアキャアと声援を送る。芸にというより、演者に反応しているようだ。

その中で、ひと組気になったコンビがいた。兄弟コンビの中川家だ。彼らは10年近く前に吉本のNSCを卒業するやめきめきと頭角を現し、大阪の漫才コンテストの新人賞を総なめにした。その結果、何本かのテレビ番組のレギュラーをもらえるようになった。

ところが兄の剛《つよし》が人混みの中で呼吸ができなくなるパニック障害という病気になった。電車に乗っていると呼吸が苦しくなり、途中の駅で降りては休憩する。各駅ごとにその繰り返しをして、仕事に遅刻し穴を開けるようになった。コメディ番組など、みんなでつくる番組には使えなくなった。怒ったプロデューサーは中川家をクビにした。結果、レギュラーが1本もなくなってしまった。ふたりは実力がありながらも、テレビでは使ってもらえなくなり、舞台で漫才をやるしかなくなったのだ。

こんなところで逼塞していたのかと思ったが、中川家の漫才は他の若手に比べるとやはり一段上のレベルで飛び抜けていた。オーソドックスなネタの運びではあるが、その中にふたりの遊びを入れたり、コント風にしたりして独特の型をつくっている。

中川家以外にもなかなかおもしろい漫才をするコンビが何組かいた。漫才は下火だと思っていたが、こんな時代に彼ら彼女らは必死でネタをつくっていた。ぼくはそんな彼らの姿に目を見開かれる思いだった。

これだけの若手が熱心に漫才をやっているなら、復興もなんとかなるのではないか——そう思ってぼくは毎日のようにｂａｓｅよしもとに行っては漫才師たちのネタを観続けていた。

そんなことを続けていたある日、ｂａｓｅから帰ると木村常務の秘書の松川君がまたやってきて、常務がお呼びですと言った。今度はまたなんだろうと思って常務室に行った。

「谷、ええやつがおったぞ」

思いもしなかった常務の言葉にぼくは驚いて訊いた。

「誰ですか？」

「橋本卓や」

「橋本ですか！」

ぼくが失望したのを見て常務が言った。

「なんや、不服なのか。橋本でええやろが」

「いや、あかんということはないのですが、橋本はぼくよりふたつ下だけですので、もっと若いのをつけてもらえませんか、新入社員でもいいので」

「橋本でええやないか。あいつに何か文句あるんか」

これで話は終わりだという言い方だった。

文句あるんかという言い方こそ、暗に、木村さんも橋本をもてあましている証拠だった。橋本を使いこなしてみろと言わんばかりだった。

そう言えば、さっきぼくが呼ばれる前に橋本が常務室から出てきたのを思い出した。

橋本はぼくの2年後輩だ。高校時代に奈良にある柔道の強豪校で寮住まいをして、3年間柔道に明け暮れたという男だ。ところが何を思ったか、系列の大学に進まず、1浪して神戸の私立大学に進んだ。それも、どちらかというと軟派だと言われているお坊ちゃん大学だ。柔道部に入ったら、高校時代の実績がものを言って、新人戦でいきなり優勝したという逸話の持ち主だ。

そんな硬派でありながら、マッキントッシュのパソコン通であった。パソコンなどほとんど誰も使わず、カセットテープをメモリーとして使っていた時代から入れ込んでいた本格派だ。多趣味で、その他にも、カメラや料理や浪曲やらといろいろなものに精通していた。

グリコ・森永事件のときには母親から「お前やってないやろな」と疑われたほど容疑者のモンタージュ写真とそっくりだった。

ぼくは、橋本が入社してきたときからかわいがっていて、一緒に仕事をしてきた仲であったが、部署が替わったりして、最近は縁遠くなっていた。

中堅になる頃にはやんちゃもんの後輩を集めて、武闘派の親分という感じで組織上使いにくい存在になっていた。しかし橋本はそんなことを気にする様子もなく、後輩に大盛りのラーメンやカレーを何杯も食べさせたりして遊んでいた。そういう橋本をおもしろがる人もいたが、疎ましく思う人も多く、結果的に制作部門の主流から外されていた。そのせいで最近はおとなしくしているように見えた。

ぼくは常務にしつこく食い下がったものの結論は変わらず、部屋を出た。

部屋を出て席に戻る途中で「あっ」と思った。ぼくの席で橋本が待っていたのだ。

「木村常務に言われました。谷さんの下でやってくれと」

「もう言われたんか。それやったら話は早いな。よろしく頼むわ」

「お願いします」

そう言って橋本は殊勝に頭を下げて帰って行った。心なしか元気がないように見えたが、こうなったら腹をくくって橋本とふたりでやるしかなかった。

漫才プロジェクトはふたりになったが、実質はひとりみたいなものだなとあきらめていた。ぼくの中にはやはり橋本に対するわだかまりがあったからだ。殊勝なことを言っていたが、腹の中では何を考えているかわからなかった。今までのように、後輩と遊ぶだけではないのかと疑う気持ちが抜けきらなかった。仕事は適当にお茶を濁しておいて、のらりくらりでやっていけると思っているのではないかと疑っていた。

しかし、考えたら橋本も漫才プロジェクトでやっていくしかないのだ。制作部という大陸から離れ小島に流されたようなものだ。橋本がそこをわかって覚悟をしてくれたら問題はないのだが。

いや橋本だけではない、何よりもぼく自身が腹を据えてやっていく覚悟をしないといけないのだ。それぐらい厳しい状況に置かれているということだ。橋本が来たことによって、そのことをひしひしと感じた。

木村さんが他に誰かを入れてくれるかどうかはわからないが、とにかく橋本とふたりでやっていくしかない。彼もやればできる人間だ。目標を失って迷走していただけで、橋本には橋本の使い方があると思うことにした。

漫才師たち

こうして2001年4月、漫才プロジェクトはとにかく動き出した。たったふたりきりのプロジェクトであったが。社内でも、漫才プロジェクトっていったい何なのかと好奇の目で見られていた。それぐらい漫才は忘れられていたし、古い遺物のような存在だったのだ。そんな環境だったので、もしぼくひとりであれば弱気になっていただろうと思う。

だが、橋本が「漫才プロジェクトの橋本ですが」と大きな声で電話したり、後輩をいじったり、冗談を言って笑わせるので、自然と漫才プロジェクトの周囲は明るい笑いに包まれるようになった。ぼくは橋本の豪快な笑いに勇気づけられてなんとか仕事をすることができた。

まずは橋本とふたりで作戦会議をした。

「とにかく今年一年は漫才のことだけを考えて、いろんなことをやってみようと思う。漫才を大々的に売り出すんや」

「そやけど、漫才をやるようなええタマがおりまっか」

「それがおるんや。この間から劇場を観てまわってるけど、ええ若手がたくさんおるで」

ぼくは橋本に劇場を観てまわって感じたことを伝えた。

「なんばグランド花月に出演しているのはベテランがほとんどで、若手の出る幕はなさそうや。けれど、ｂａｓｅよしもとでは何組かの若手が意欲的に漫才をやっていた。そいつらは今までの漫才と違うなんか新しいセンスが感じられたんや」

ぼくはそんなことを橋本に説明した。橋本もその辺はだいたい理解しているようだった。

「こいつらを表舞台に引っ張り上げてやることができればなんとかなると思う」

ぼくは自信を持っていた。

「とりあえず手始めに漫才のキャンペーンをやろう。テレビ局や新聞・雑誌社の連中にもういっぺん漫才のおもしろさを思い出してもらわなあかん」

「そうでんな、漫才なんか完全に忘れられてまっさかいね」

「そうや。中でも一番最初にやるべきことはうちの社内に漫才をアピールすることやと思うんや。なんせ今、社員は誰も漫才に関心を持ってへん。漫才を本業にしている会社が漫才に関心を持たなくてどうするんや」

「確かにそれは言えてま。漫才師いうてもコントばっかりやってますからね」

「そやねん。マネージャー連中も漫才をやるよりコントをやれと言うてるみたいや。確かにコントの方が簡単で、手っ取り早いけどな」

「ｂａｓｅよしもとの支配人も漫才禁止の指令を出してたみたいですよ」

「ほんまかいな、なんやそれ」

「おととし閉めた心斎橋筋2丁目劇場で、漫才をするな、コントをやれと言うてたのが今も引き継がれているみたいですわ」

橋本によると、そのときは漫才師たちが漫才というよりもフリートークに近いことをやっていたのを見かねて、支配人が漫才禁止にしたらしい。ダウンタウンをまねてフリートークをやっていたのだろうが、ダウンタウンとはものが違うのをわかってなかったのだろう。それに漫才の新ネタをつくる努力をせずに、拙いフリートークでもファンの客は笑うから勘違いしてダラダラとやっていたのだと思う。中にはまじめに漫才をやっていた子もいたというのに禁止したのはやりすぎだった。

「よし、吉本興業内の意識改革も兼ねて漫才のキャンペーンをやろう。何か良いアイデアはないか」

「わしもそのへんはわかりまへん。そういうことは大木に聞いてみたらどうでっしゃろ」

「大木か、それはいいなあ。連絡取れるか」

大木里織《さおり》は若手の担当をしている社員で、小柄でころころと太っていて、愛嬌があった。なかなか良いアイデアの持ち主で、若手育成にも力を発揮している。

さっそく次の打合せから大木に入ってもらった。

「ＰＯＰ《ポップ》をつくったらどうですかね」

「ＰＯＰてなんや」

ぼくは素直に聞いた。

「お店で、商品や値段などをアピールするフレーズを書いた札が刺さっていることがあるでしょう、あれ、あれです」

なるほどあれかと思った。自分の知らないことがいっぱいあるのだと思った。

「あれを社内ＰＲや宣伝用につくるわけか。それはいいかもしれない。どんな文言にしたらええのやろな」

「直截的に、やっぱり漫才おもろいで、というのはどうですか」

大木はすでに考えていたようだ。

そんなざっくばらんなものでいいのかと思ったが、伝えたいことがずばりそのままだった。橋本も「おもろいんとちゃいまっか」と賛成して、ＰＯＰはあっさりと決まった。

それからさっそく「やっぱり漫才おもろいで。」と書いたチラシと漫才プロジェクトのクリアファイルをつくった。お金があるプロジェクトではないので、必要最低限の枚数だけだ。そしてそれを社内の掲示板や壁にべたべたと貼りまくった。

なんやなんやと社員が集まってきた。おもしろがっている社員がほとんどであったが、中にはなんでわざわざこんなものを社内に貼り出すんやと言う批判的な人間もいた。

そういう連中には橋本が、「なんぞ文句おまっか？　吉本の社員の中にも漫才を忘れてる不届き者がいるようなんで、こうやって皆さんに知ってもらおうと思てつくりましたんや。どうぞ漫才を思い出してくださいや」と強面の顔で言うとみんな黙った。

漫才プロジェクトというものができて、ぼくと橋本がなにやらやっているということは社内で少しずつ認知され始めた。

それからふたりでそのチラシやクリアファイルを持ってテレビ局や出版社、新聞社を訪ねて漫才プロジェクトをアピールしてまわった。

テレビ局の人間は、ぼくが久しぶりに顔を出したので、きっと何かを頼みに来たと警戒していただろう。でも、今度、漫才プロジェクトをつくったのでぜひ漫才の宣伝をしてくださいとお願いに来たとわかると、ほっとした顔をした。漫才番組をつくってくれとか、ただで何かの宣伝をしてくれなどととんでもない要求をされるのではないかと警戒していたのだ。どの会社も「それぐらいならお安いご用です」と温かい返事をくれた。

でもそれだけではなく、出版社もテレビ局も、最近は東京から送られてくるものを受けるだけで、大阪独自のものを発信することがとんと少なくなっているのも彼らの温かい反応の一因だったのかもしれない。その忸怩たる気持ちが彼らにもあったのだと思う。それには漫才はうってつけだった。たこ焼きやお好み焼きだけが大阪名物ではないぞという大阪の意地もあったのかもしれない。

そんな気持ちが通じたのか、少しずつではあったが、雑誌や新聞で漫才を取り上げてくれるようになった。

ぼくは、少しずつだけどなんとなく漫才に風が吹いてきたように感じた。

そんなある日、ぼくは橋本に言った。

「はっしゃん、漫才師さんたちと面談をやろう」

「面談でっか?」

「そうや、漫才師が漫才のことをどう考えているのか直に聞きたいのや」

「どのへんとやるんでっか。やっぱり若手でっか」

「全員や。若手もベテランも関係なく、全漫才師とやろう」

「全員でっか! コメディNo.1やチャンバラトリオもですかあ」

「そや、漫才をやってる人は全員や」

コメディNo.1もチャンバラトリオもベテランの漫才師である。橋本はそんなベテランに面談することなどハナからできそうにないと思っていたようだが、ぼくの強い口調にそういうものかと思い直したようだ。

橋本はさっそく若手からベテランまで全漫才師の面談スケジュールをつくってくれた。

ぼくは、漫才師が漫才のことをどう考えているのか知りたかった。自分たちの今の状況をどう考えているのか、漫才をやる気があるのかないのかといった、漫才に対する本音を聞き出したかったのだ。ぼくには、漫才師はもう漫才をする気がないのではないかと危惧する気持ちがあった。

ぼくも橋本もかつては漫才師のマネージャーをしていたが、歳を重ねるにつれて現場から離れてしまい、漫才師とじっくり話をすることなどなくなっていた。いったい漫才のことをどう思っているのか、腹の内をじっくり聞いてみたかった。

若手から中堅、ベテランさんまで、所属している吉本の全漫才師の本音を聞き出す。そんなことをやろうとしたのは吉本の長い歴史の中でもぼくらが初めてだろう。

まずは中堅の西川のりお・上方よしおの聞き取りだ。のりお・よしおはのりおの毒舌と名人と言われるよしおの突っ込みで人気の出た漫才コンビだ。ただし、のりおの毒の強さは男性には熱狂的にウケたが、ほとんどの女性に嫌われた。

ぼくは若いときにのりお・よしおのマネージャーをしていた。漫才ブームが下火になって、漫才師たちは今後どう生きていくかという新たな局面にさしかかっていたときだ。つまり、単純に漫才をやるだけの漫才師から、バラエティ番組の中で司会やトークやロケレポーターなど、漫才以外の場面でいかにタレント性を発揮できるかという岐路に立たされたのだ。それに対応できない漫才師は消えていった。

そんな中で、のりおの毒舌キャラがウケて、漫才以外のいろいろな番組で使われるようになった。個性的でアクの強いキャラクターながら、何がウケるかを細かく分析していたのりおだけが番組に使われ、一時はコンビ解散もしたが、今はまたコンビを復活して漫才をしていた。

のりおは、若いときにはその強烈すぎるキャラクターが女性に嫌われたが、歳をとって角《かど》が取れてくると、女性にもウケるようになっていた。

個室にふたりを迎え、改まった様子のぼくを見てよしおさんが声をかけてきた。

「谷やん、どないしたねん、あらたまって」

昔マネージャーをしたタレントたちからは、ぼくは谷やんと呼ばれていた。それは若いときに一緒に奮闘した仲間に対する敬称だと思っていた。

「今日はおふたりの漫才に対する意見をお聞かせ願おうと思いまして」

「漫才に対する意見か。好きやで、漫才」

のりおさんがまじめな顔をして言った。

「おれらは漫才師やから、漫才してるときが一番楽しいんや」

「そうなんですか」

驚いて聞き返すと、よしおさんものりおさんのまじめな答えにつられて本音を言った。

「漫才師は漫才だけで食えたらそれが一番幸せや。けど、それがでけへんからいろいろやってるようなもんや」

のりおさんとコンビを解散してからは、違う相方とコンビを組んで漫才をしたり、ピンでやったりしたがどれもうまくいかず、苦労してきたよしおさんだけに実感がこもっていた。

もちろんテレビにも出たいだろうし、お金も稼ぎたいのだろうが、漫才だけで食えたら幸せだと言うよしおさんの言葉がうれしかった。

「漫才をやるんやったらいつでも言うてや」

ふたりは期待のこもった目でそう言ってくれた。


若手の漫才師とも面談した。

トップバッターは若い女の子に大人気のキングコングだ。関西テレビの番組でランディーズ、ロザン、キングコングの3組の漫才師を組み合わせたWEST SIDEというダンスユニットで人気が出て、歌まで出したコンビだ。

「きみらはあまり漫才をやってないようやけど、漫才はどうなんや?」

「はっきり言うて、漫才がやりたくて漫才師になったわけですから、漫才は大好きですよ」

西野亮廣《あきひろ》がそう言ったが、にわかには信じられなかった。

「漫才がやりたくて漫才師になった！　ほんまにか」

「ほんまです。ぼくらふたりとも漫才が好きで吉本に入ったんですもん」

梶原雄太《ゆうた》も明るくそう言った。

「ＷＥＳＴ ＳＩＤＥでキャーキャー言われる方がいいのとちゃうんか」

「そんなこと絶対ありません。ＷＥＳＴ ＳＩＤＥは大嫌いですもん」

「ぼくも実はあれは嫌いです。漫才をきちんとやりたいのに、あの子らキャーキャー言うだけで漫才を聞いてくれませんから」

ふたりがＷＥＳＴ ＳＩＤＥを嫌いだというのが信じられなかった。

「でもその割には漫才をやることが少ないのと違うか？　コントばっかりやってるやん」

「仕方ないんです。ｂａｓｅよしもとでは漫才はウケへんのです。ぼくらの漫才が下手なのもあるでしょうけど、若い女の子にはわかりやすいコントの方がウケるのでどうしてもそうなるのです」

「そうか、じゃあほんまは漫才をやりたいけど、仕方なくコントをやってると言うのか。ほんまにほんまの話か」

「ほんまですって。嘘言うてもしゃあないでしょう」

このコンビの口からまさか漫才が好きだという言葉が出てくるとは思わなかった。わからないものである。しかし、キングコングですら漫才をしたいということは、他の若手にも漫才が好きなやつがいるかもしれないと期待がふくらんだ。

続いてベテランのコメディNo.1のふたりと面談を行った。

コメ1《ワン》はアホの坂田で一世を風靡した坂田利夫《としお》とツッコミの前田五郎《ごろう》のコンビで一時は関西で圧倒的な人気を誇り、今でも知名度は高かった。

しかし、ぼくは不満だった。先日花月で見た限りでは、舞台でやっているネタは20年前と変わっていないし、笑いのレベルも意外なほど低かった。昔ながらの古いパターンの漫才だ。お客さんもあまり笑っていない。おそらく、このままでも、そこそこの収入と人気があり仕事もあるから、これでいいと思っているのだろう。

「漫才についてどういう風にお考えですか」

「漫才好きやで。漫才師やからな」坂田さんが言った。

「おれらは漫才やりたいんや。会社がその場を与えてくれへんだけや」

きつい突っ込みで若手芸人や社員に恐れられている前田さんが、会社に対しての不満を口にした。何かと会社に文句をつけるのはこの人の癖だが、漫才をやりたいという言葉にぼくはハッとした。現状に甘んじて、このままでずっとやっていこうと考えているとばかり思っていたからだ。そのふたりから、漫才をやりたいという言葉が出たのは意外だった。

「コメディNo.1としては、今後目指している方向とかあるのですか」

橋本が半分笑いながら聞いた。そんなものはないだろうと思っているのだ。

「あるで。今までと違う形の漫才をやってみたいのや」

前田さんが言った。この言葉にはぼくも橋本も半信半疑だった。

「台本も書いてるんや」

前田さんはぼくたちを見返すように言った。

前田さんはカバンから原稿用紙を出してきた。表紙には定規で引いたような四角張った字でタイトルが書いてあった。

ちょっと見せてもらいますと言って、ぼくはその台本を開いてみた。

冒頭から少し読んだだけで古いと思った。

「これは前田さんが書きはったんですか」

そうやと言って、前田はどうだという風に胸を張った。

「自分で書きはるのもいいですけど、たまには作家の書いた本もやってみませんか」

「それならやってるで。ずっと大池先生や中田先生のネタをやってるがな」

「そうですか。でも、一度若手の作家に書かせてみませんか」

ぼくは、ベテラン作家の書くものはパターンが決まっているし、馴れ合いでどうしてもコメ1のやりやすいネタばかりになってしまっていると思っていた。ベテランの漫才作家は、このコンビはこういうネタが向いていて、こういうネタを喜ぶという思い込みがあって、それに合わせたネタばかり書くのだ。それに、たとえ新しいネタを書いたとしても、前田さんが自分のやりやすいように変えてしまうのがわかっていた。その結果同じようなネタばかりになってしまうので、作家も新しいネタを書かないのだ。

「若手の作家？」

前田さんがいやそうな顔をした。

「それ、ええかもしれんな」

今まで黙っていた坂田さんが急に割り込んできた。笑顔である。

坂田さんは、ネタに関しては口出しをせず、前田さんが主導権を握りひとりで決めている。交渉ごともすべて前田さんに任せている。自分はおいしいところでボケて、笑いを取れればそれでいいぐらいに考えているのだろうとぼくは思っていたが、もしかしたら、現状の低迷に不満を感じているのかもしれない。それに、前田さん主導でなく、自分主導で日頃の思いをぶつけたかったのかもしれない。

「おもろいネタやったらええけど」前田さんは渋々納得した。

「じゃあ、ぼくらの知っている若手の作家に書かしてみます。何人かいい作家がいるんです」

コンビ仲が悪いと評判のふたりだが、そんなことも言ってられない状況になっていることとを認識しているのだろう。それに、ふたりともやはり漫才をやりたいのだとわかったことがうれしかった。橋本もなんだかうれしそうな顔をしている。

若手の漫才作家に関しては橋本とふたりでいろいろな人に当たって、有望そうな子に何本か書かせていた。

こうして若手から中堅、ベテランまで大阪所属の数十組の漫才師の面談を行った。

東京所属の漫才師もいたが、数も少なかったし、うるさ型のベテラン漫才師はすべて大阪にいたので、ほぼそれを押さえたことになるから大丈夫だろう。

数多くの漫才師の面談をしてみると、どの漫才師達も異口同音に漫才が好きだと言う。漫才が好きで漫才師になった、それなのに今は漫才の仕事が少なくなっている。テレビの漫才番組もなくなっている。だから仕方なく、コントをやったりしてお茶を濁しているのだと言う。

そして、ほとんどの漫才師が、会社が漫才に力を入れていない現状に不満を持っていることがわかった。特にベテラン漫才師ほどその不満が大きいようだった。

ぼくは彼らに言い返せなかった。実際、ｂａｓｅよしもと劇場では漫才をやらせずにコントをやらせていたのだから。

そういう漫才師に対しては、漫才プロジェクトをつくって改めて力を入れていきますと答えた。それを素直に喜ぶ人もいたが、ほとんどの人は半信半疑の顔をしていた。

でも、実は漫才をやりたいと思っている人の多いことがぼくはうれしかった。漫才をやりたい、漫才が好きで漫才師になったのだから、と考える漫才師がいる、しかもほとんどの漫才師がそう考えている。これは大いに期待が持てる。

ベテランの漫才師が漫才をやりたがっているというのはある程度理解できた。彼らには漫才しかないからだ。

しかし、意外にも若手の漫才師までが熱い思いを抱いていた。彼らの秘めた情熱はぼくにとっては希望の光だった。だからこそ、ぼくは彼らの気持ちに応えてやりたかった。彼らの発表の場をつくってやりたかった。世に出してやりたかった。


漫才プロジェクトは順調に始動したものの、吉本社内の漫才を取り囲む状況は相変わらずよくなかった。漫才はすでに過去のものとして見捨てられていた。

吉本ですらそんな状況だから、一般世間では推して知るべしである。

大阪ではかつてどのテレビ局も漫才番組を放送していたが、今や、残っているのは老舗の1番組だけであった。それも、旧態依然たる古臭い番組で、視聴率も取れてなかった。提灯がかけてある舞台に、出囃子とともに漫才師が出てきて漫才をするという、味があると言えばあるが、若い子には見向きもされない古臭い演出だった。

一部の漫才好きやお年寄りが見るだけで、若い者は歯牙にもかけていない存在。それが２００１年時点の漫才だ。

もしかしたら、若者は世の中に漫才というものがあることすら知らないのかもしれない。ぼくが入社した１９８１年の漫才ブームは、それまで漫才というものがあることを知らなかった若い世代に漫才のおもしろさを知らしめたと言われた。だが、その漫才ブームから20年が経ち、再び漫才は忘れ去られていた。


20年前に漫才ブームでブレイクした漫才師たちは、今やベテランと言われる年齢になっていた。キャーキャーと言われることはなくなったが、劇場でじっくりと漫才をやり、あの頃以上にお客さんを笑わせている。

なんばグランド花月にはまた少しお客さんが戻ってきたが、そのほとんどは地方から観光バスに乗ってやって来る団体さんであった。それもテレビで放送しているよしもと新喜劇を観に来るお客さんが大半だった。新喜劇の前に、漫才ブームのときの人気漫才師が出るとウケはするのだが、当時を知るものにとっては寂しい限りだった。

ｂａｓｅよしもとには若い女の子が、ルックスの良い漫才師を見るために殺到していたが、舞台では漫才師は漫才をせずにコントをやっている。女の子たちは彼らのコントを観て楽しそうに騒いでいた。彼女たちはどうしても漫才を観たいというわけではないようだった。漫才であろうとコントであろうと関係ないのだ。

そもそも漫才とは、ふたりのしゃべりだけで世界をつくり、客を引き込み笑いを起こさないといけない。それには、いいネタをつくった上で、何度も何度も稽古をしてふたりの息と間を合わせる必要があった。

その息と間を身につけるには粘り強い稽古が必要で、しかも誰でもできるものではなく才能が必要だった。

その点コントであればセットや小道具、衣装、照明、効果音などを使って世界観はつくれる。そういうものの助けがあってコントを演じればいいので、漫才に比べるとハードルはかなり低いと言える。言葉だけで世界をつくらなければならない漫才とはスタート時点からして違う。特に、しゃべりがまだ拙い新人レベルにはとっつきやすかった。ネタさえしっかりしていれば新人でもそれなりに見られるものができる。

漫才はネタが良いだけではそうはいかない。ネタにプラスしてある程度の技術も必要だ。もちろん、コントもその道を究めていくとなると漫才と同じように高いレベルの技術が必要なのだが。

会社としては、テレビに出せる若手をつくればそれでよかった。そこそこ見られるコントをこなせる若手の中から、テレビ向きの見栄えのよい者を選んでくださいということだ。

ぼくはそれが気がかりであったが、とにもかくにも考えているだけでは何も始まらない。

片や漫才をやりたいと思っている漫才師がいっぱいいて、片や漫才の存在を知らない若い世代＝《イコール》客がいる。なんとかこの世代に漫才というおもしろい芸能があることを知らしめ、劇場に足を運ばせられないか。そのためにとにかく動き出そうと思った。

ぼくたちの地道な働きかけが効いてきたのか、テレビ局でも漫才番組をつくるまではいかないが、漫才のコーナーをつくってくれるようになった。特に、テレビ大阪は年に2回やっている漫才特番が高い視聴率を取ったので、その番組を2か月に1回放送してくれることになった。

関西の民放局の中では一番後発で一番弱いテレビ大阪であったが、それはぼくたちを何にも増して喜ばせ、励ましてくれた。新しい漫才番組は「めっちゃ！漫才」というタイトルで、若々しく元気を感じさせた。司会は西川きよしさんとトゥナイトのなるみだった。ふたりとも元漫才師だけに漫才に関しては文句なかった。

ぼくは入社1年目に横山やすし・西川きよしという日本一の漫才師のサブマネージャーをやった。そのときに間近で見て、やすきよの漫才のすごさを知っている。トゥナイトも高校生コンビとしてデビューしたときから注目していた。なんばグランド花月の出演者を決める「手見せ」というオーディションで彼女たちをプッシュしていち早く出演させた。その後、相方のしずかが引退して、なるみがピンで番組の司会やアシスタントをやりだしてからも、しょっちゅう起用した。

この番組はテレビ大阪の岩谷哲幸プロデューサーがとても熱心で、毎回出演者に関して厳しい注文をつけてきた。おかげでこちらも、よりウケる漫才師を厳選して提案しないと却下されるので真剣にリストアップした。

この番組以外に他局でもチラホラと漫才のコーナーをつくってくれて、漫才は少しずつ盛り上がりつつあった。

こうして漫才プロジェクトは徐々にではあるがスタートを切ったのである。

漫才大計画

橋本、大木と他の作戦も考えた。とにかく、漫才のイベントをやろうということで、なんばグランド花月で「漫才大計画」というイベントを月に一度やることにした。ｂａｓｅよしもとでもそのジュニア版ということで「ｂａｓｅ漫才計画」をやり、出来の良いものは漫才大計画の方にも出演させることにした。それは、吉本の旗艦劇場であるなんばグランド花月の檜舞台に立てるということである。

ｂａｓｅ漫才計画も漫才大計画も、誰を出演させるかについては慎重に考えた。

ｂａｓｅの方は、面談をした中で漫才に対するやる気があって、ネタづくりがしっかりしている漫才コンビを選んだ。それには、ｂａｓｅよしもとでのランクも参考にした。ｂａｓｅ漫才計画に関しては、ファンの子がチケットをコンスタントに買ってくれたのと、劇場も２３３席と小さいので客席は埋まった。

大計画の方は、人気ややる気のあるなしを考慮し、漫才をやりたいとはっきり言ったコンビを中心に選んだ。編成はベテランと中堅の漫才師が主流だったが、意欲のある若手を必ず２組は入れることにした。

料金は通常公演の半分以下に設定して売り出したが、これがいっこうに売れなかった。ぼくはもう一度、以前まわったチケットぴあや京阪神エルマガジン社に行って、情報を載せてもらえるようお願いした。今は見向きもされていないが、潜在的に大阪人は漫才を好きなはずだという確信があった。関西では生まれたときから毎週よしもと新喜劇のテレビ中継を見て育っているし、大阪人は日常会話がもうそれだけで漫才だと言われているのである。おもしろい漫才さえ見せれば需要はあるはずだ。

また、橋本とふたりで劇場の近隣の商店街や町内会をまわった。漫才大計画の招待券を持って。なぜなら、漫才師たちに客の入ってない劇場で漫才をさせるわけにはいかないし、少しでも多くの人に観てもらいたかったからだ。

「なんばグランド花月ができてから15年ほど経つけど、こんなんもらうの初めてやわ」と商店街のおばさんに皮肉を言われたが、めげずに頭を下げて商店街をまわった。「行きたいけど店にお客さんの多い時間帯やから、残念やけど行かれへんわ」と言う人もいた。冷めた反応に、吉本興業がいかに地元を大事にしてこなかったかと反省した。

でも、依然としてチケットは売れなかった。どれだけおもしろい漫才をやっても、お客さんがいなければ意味がない。商店街の人たちは5分の1くらいが来てくれた。時間帯を考えれば上々だ。

そこで、新喜劇が終わるやいなや、司会のなおき（旧芸名・中田尚希）を緞帳の前に出して、立ち上がって帰り支度をしているお客さんにこう訴えかけさせた。

「この後すぐ、漫才大計画という漫才のイベントをやります。ここにいらっしゃるお客さんはこのまま無料で観ていただけます。ぜひもう一度前の方の客席に移っていただいて、おもしろい漫才を観ていってください」

3時間も漫才や落語、よしもと新喜劇を観て、笑いでおなかがいっぱいになっているはずのお客さんだったが、必死にお願いをする司会者に同情して何人かが残ってくれた。そこに少ないが前売りチケットを買ってくれたお客さんも入れると100人近い人数になった。大きななんばグランド花月では微々たるものだが、それでも、それだけのお客さんがいればなんとかなる。やる方はありがたい。

ぼくは祈るような気持ちで最初の演者キングコングを送り出した。

見たこともない若い漫才師が出てきて客席は一瞬シーンとなって白けたが、彼らはひるまなかった。ネタをやり出すと徐々に笑いが起きてくる。漫才が終わる頃にはほとんどのお客さんが笑っていた。

ぼくは橋本を見てガッツポーズをした。橋本もうれしそうに見ている。

2組目のブラックマヨネーズ、3組目のチュートリアルも、ふだんbaseよしもとでウケている渾身のネタを披露して笑いを取った。

彼らがなんばグランド花月の舞台に立つのは初めてだ。あこがれのグランド花月の檜舞台（檜を保護するために上にリノリウムが敷いてあるが、それを剝がすと正真正銘の檜の舞台だ）に立った彼らはさぞかし緊張したと思う。

その後には中堅のティーアップやおかけんた・ゆうた、ちゃらんぽらん、そしてベテランのWヤング、トリには大木こだまひびきが登場した。前の組がウケるものだから次に出てくるものは負けてられないと懸命にネタをやる。みんなの意気込みがいつもの舞台とは全く違った。競うように熱演して客席を沸かせた。

初めての漫才大計画は大成功だった。

ベテランはある程度予想できたが、顔も見たことのない若手や中堅の漫才がこんなにおもしろいものだと知り、お客さんも驚いただろう。

しかしいかんせんお客さんが少なすぎた。漫才師は十分に笑いを取って役目を果たした。

これを満杯のお客さんに観てもらえるようにするのはぼくらの仕事だ。

その後も、近所の商店街へ招待券を配り続けた。「この前、観に行っておもしろかったよ」と言ってくれる人もいた。

ひと月に1回の公演を2回、3回と続けるうちに次第にお客さんが増えてきた。新喜劇の後にまで残ってくれる人も徐々にではあるが増えてきた。何より評判を聞いてチケットを買って来てくれる人が増えてきた。3回目が始まる前に緞帳の隙間から客席を覗いてびっくりした。1階席の後ろまでお客さんが入っていたのだ。なんと400人以上入っている。

そして、続けるうちにどんどん力をつけていく漫才師がいた。例えばティーアップ。出るたびに大きな笑いを取った。もともととても力のある漫才師で、今までやる場がなかっただけなのだ。

そこで、このイベントでよくウケたコンビはテレビ大阪の「めっちゃ！漫才」に優先的に出すようにした。するとやはりテレビの力は恐ろしい。そのコンビの人気がどんどんと上がっていき、公開収録にはそのコンビ目当てのお客さんがたくさん来るようになった。

ｂａｓｅ漫才計画では若手が力をつけ、これまで漫才に関心がなかったような若い女の子やカップルがたくさん来るようになり、漫才大計画では若手から中堅、ベテランまで含めて活気ある漫才が繰り広げられ、次第に評判を呼びお客さんが増えだした。

テレビでは、恒例の、毎日放送「上方漫才まつり」、ラジオ大阪・関西テレビの「上方漫才大賞」なども見直され、視聴率が上がっているという。漫才番組が徐々に認められつつあった。

橋本とは毎日一緒に昼飯を食べに行った。橋本はラーメンが好きで、3日に一度はラーメンだった。それも必ず大盛りで、ご飯もつけた。おかげでぼくもかなり太った。

夜はたまに飲みに行った。

ある晩、いつものように会社の近所の安い居酒屋で飲んでいた。漫才大計画の司会をしてくれているなおきも一緒だった。

その日、理由は忘れたが、ぼくは橋本を強烈になじっていた。おそらく橋本の仕事に対する態度が気に入らなかったのだろう。仕事への向き合い方が真剣でないとか、斜に構えているという点を怒ったのだと思う。日頃から不満に思っていることを、ぼくの悪い癖で、理詰めに徹底的に突いたと思う。

橋本は途中までは反論したが、最後はうなだれて聞いていた。なおきが心配そうに見ていたが、気にせずに怒り続けた。

翌日、出勤時間になっても橋本が来ない。昨夜の酒が残っているのだろうと思った。まあそのうち来るだろうと思っていたが、1時間経っても来ない。そうなると、心配になってきた。そのときになって初めて言いすぎたとわかった。

このままもう来ないのではないか。それほどあいつにとってきつい言い方だったのだろうかと反省し始めた頃、橋本がやってきた。顔はまだ赤く、髪の毛が乱れていて、全身ぼろぼろという感じだった。体からアルコールが匂い立つようだった。

「ちょっとつきあってください」

そう言われてどつかれるのではないかと思ったが、「おお」と平静を装って立ち上がった。周りの人間も注目している。橋本の行った先は吉本大阪本社の本館にある喫茶店「カフェ・ド・デッカ」だった。席に座って橋本が語り出した。

「昨日谷さんに言われたことをわしなりによう考えました」

ぼそぼそとそう切り出したときは、こいつ辞めるのではないかと思った。

「言われたことはわしの悪いところだと反省しています。それは直します。わしは谷さんについていくしかないんでついていこうと思ってます」

予想外の言葉だったが、橋本もいろいろ考えたのだと思った。説教されて腹も立ったであろうが、ぐっと堪えてこう言ったのだと思い、ぼくも言いすぎたと謝った。

しかし、まだ何か言いたそうだ。腹に一物ある感じだ。

「わしからも谷さんに言いたいことがおますねん」

そら来た。

「なんや、いったい」

「谷さんは漫才プロジェクトのことを説明するときに、漫才プロジェクトは漫才を復活するためにつくられましたと言わはるでしょう」

何を言うかと思ったら、そんなことか。そんなことは当たり前だ。木村さんがつくったものだからそう言うだろう。

「そうやなしに、漫才を復活するために漫才プロジェクトをつくった、と言うてほしいんですわ」

橋本の予期せぬ言葉にびっくりした。何を言いたいのかわからなかった。

「人がつくったもんやなしに、谷さんがつくったと言うてほしいんですわ」

ようやくわかった。もっと自信を持って、もっと主体的にやってほしいと橋本は言っているのだ。

ぼくは一瞬で目が覚めた。ぼく自身が漫才プロジェクトは借り物のような気でいたのだ。そうじゃなく、漫才プロジェクトを自分のものとして、自覚を持ってやってほしいと橋本は思っていたのだ。もっと自信を持ってやりなはれ、ぼくは橋本にそう説教されているのだ。ありがたかった。

「わかった、これからそう言うわ」

浪花節かもしれないが、これでふたりのわだかまりが取れた気がした。橋本には辛かったと思うが、昨夜は言いたいことを言って良かったと思った。橋本も心の内をさらしてくれた。

社内キャンペーンや全漫才師との面談、ｂａｓｅ漫才計画、漫才大計画、テレビ大阪の「めっちゃ!漫才」などのおかげで、漫才の状況はどんどん良くなっていった。

しかし、ぼくは何かが不満だった。

漫才プロジェクトは順調に滑り出した。漫才のＰＲもできたし、イベントも始められた、テレビでも漫才番組ができた。しかし、そこで止まってしまった。真ん中がぽっかり空いて、中心から外れた周辺だけでちょこちょこ動いているような感じだった。何か中心になるものが必要だ、何か漫才プロジェクトの芯になるものがほしいと思った。

このままでもある程度は漫才を盛り上げていけるだろう。でもそれは小さな爆発であり、漫才をもう一度復活させるほどの起爆剤としては足りない。ぼくはもう一度、あの漫才ブームのような大爆発を起こしたかった。

このままではいつまで経ってもブームなど起こせない。ちょっと話題になっただけで、いつの間にかまた漫才は忘れられてしまう。いや、まだほとんどの人には漫才のまの字も認識してもらってない。どうすればいいのだ。

いくら考えても光は見えてこなかった。

第二章

M-1起動する

紳助さん

そんなある日、ぼくは読売テレビに出かけた。「大阪ほんわかテレビ」収録中の間寛平《はざまかんぺい》さんに会いに行ったのだ。

ぼくは、漫才のことばかり考えて、毎日何かに追われるように動いていた。それなのに、また漫才ブームを起こせるような大きなパワーというか、うねりを感じられなかった。

漫才プロジェクトが停滞しているように感じてむしゃくしゃしていたので、久しぶりに寛平さんと会って元気になりたいと思ったのだ。寛平さんに会ったとて現状が打開できるとは思っていないが、寛平さんに今の不安な気持ちを聞いてもらうだけでも鬱屈した気持ちが少し晴れそうな気がした。

１９９２年から98年までの東京時代に、ぼくは寛平さんのチーフマネージャーをしていた。

仕事終わりには毎晩のようにふたりで飲んだ。最後は下北沢の若い子の多いバーで「あと1時間だけ」「あと1杯だけ」と交互に言い合いながら、いつも3時、4時まで飲んでしまった。

そんなとき、寛平さんの温かい性格に何度慰められたかわからない。慣れない東京で戸惑いを感じたときも、仕事が行き詰まったときも、仕事に追われてめげそうなときも、寛平さんと酒を飲んで取り留めもない馬鹿話をしていると元気になった。寛平さんはめったに人の悪口を言わない。何事にも前向きで、常に焦らない。その悠揚とした態度に何度も教えられた。

寛平さんもぼくを気に入ってくれて、谷やん、谷やんと言って付き合ってくれた。楽屋を訪れると、寛平さんは満面の笑みで迎えてくれた。

「おう、谷やん、なんや。元気にしてんのか?」

その笑顔だけで十分だった。

ぼくは漫才プロジェクトのことや現状を簡単に話した。寛平さんは親身になって聞いてくれた。聞くだけで何も言わないが、それで良かった。ぼくは次第に元気を取り戻した。来た甲斐があった。

同じ番組に出ている尊敬する笑福亭仁鶴さんとも話ができて、ぼくは明るい気持ちになった。

ふたりと1時間ほど話して楽屋を出ると、隣の部屋のネームプレートに「島田紳助」と書いてあった。別の番組の収録で島田紳助さんが来ていたのだ。

ぼくはふと思いついて部屋をノックした。

部屋に入ると、紳助さんは驚いたような顔をした。紳助さんもぼくが東京でチーフマネージャーをしていたうちのひとりだったが、大阪に戻ってからはほとんど会ってなかった。

「おう、谷くん、どうしたんや。久しぶりやな」

「実は今、漫才プロジェクトというものをやっていて、漫才を盛り上げるために動いてます」

ぼくは漫才プロジェクトをつくることになった経緯と現状について紳助さんに説明した。世間話のひとつとして話しているつもりだったが、途中から話を聞いている紳助さんの目が真剣なことに気づいてぼくは戸惑った。紳助さんはじっと食い入るようにぼくの話を聞いてくれている。意外だった。いつまで漫才なんかやってるんや、もっと他にやることがあるやろ、というような言葉を予想していたのだ。

ぼくが話し終えると紳助さんは真顔で言った。

「それはええことやわ。絶対やらなあかんことや。しっかりやってや」

紳助さんが心の底からそう思っていることは真剣なまなざしから伝わってきた。

紳助さんと漫才——。考えてみれば、そのつながりは深い。

紳助さんはもともと漫才師だった。紳助・竜介というコンビで、スーツではなくつなぎを着て、それまでになかったつっぱり漫才で若者の気持ちをつかんだ。ネタが異色だった。漫才ブームの火をつけたフジテレビの「ＴＨＥ ＭＡＮＺＡＩ」では切り込み隊長として先頭を走った。一度も休むことなく全回に出て、毎回新ネタをつくってきた。

紳助・竜介の影響を受けて同じような漫才をやる新人がたくさん出てきた。


ぼくは大学時代に紳助・竜介を初めて見たのだが、今振り返ってみるとこれが吉本に入る遠因だったかもしれない。

１９７７年、ぼくは京都の岡崎公園にある喫茶店でバイトをしていた。

ある秋の日、岡崎公園で京都まつりというものが開催され、笑福亭仁鶴さんが出ると聞いて、ぼくは会場の岡崎公園のグラウンドに駆けつけた。仁鶴さんは子どもの頃から大ファンで、ひと目見たいと思ったのだ。

人混みをかき分けてたどり着いた舞台では、知らない若手の漫才コンビが前座として出ていた。ひとりは普通の格好なのに、もうひとりは、上半身裸になって痩せた体をさらし、トランクスをはきボクシンググローブをはめていた。

ぼくはお目当ての仁鶴さんが出るまでの時間つぶしと思って観ていたのだが、次第にこの漫才に惹きつけられていった。

それは、ぼくが今まで観たことのない漫才だった。

漫才は子どもの頃から好きで、夢路いとし・喜味こいしややすし・きよし、オール阪神・巨人などの正統派と言われるしゃべくり漫才が特に好きだった。

あごの長いアフロヘアの男のしゃべる言葉は、ぼくの頭の中にある漫才師の使う言葉と全く違うものだった。

漫才の途中で、冷やかし半分で来ていた客がヤジを飛ばしたが、その客を適当にあしらい、なおかつネタにして笑いを取ってしまった。そのあしらい方も、ぼくの知っている漫才師たちのやり方と全然違った客をからかうようなやり方で、その客が怒り出すのではないかとはらはらしたが、客は喜々としてやり取りをしていた。

後に番組司会者としてゲストと軽妙にやり取りするようになる紳助さんは、すでにその頃から才能の片鱗を見せていたのだ。

ぼくは最初、自分が知らなかっただけで、今の漫才はこんなレベルにまで進化しているのかと驚いた。しかし観ているうちに、これはこのあごの長い男の才能なのだとわかった。この男だけができる漫才なのだ。無造作に吐き出す言葉が、巧みに客の機微を突いて笑いを呼んだ。言葉がぽんぽんと自由奔放に飛び出てきて、客の心をつかむ。これはとんでもない漫才師だと思った。今まで見てきた漫才が、お決まりの言葉のやり取りをしているだけのつまらないものに思えてきた。

仁鶴さんのことはすっかり頭から消えていた。ぼくはこの若い漫才師を見られたことに興奮していた。すごい才能が現れたと思った。

それが島田紳助さんだった。それからまもなくして紳助・竜介はテレビに出るようになった。


ぼくが吉本興業に入ったのも、もしかしたら紳助・竜介の漫才を観たことがいくらかなりとも影響していたかもしれない。

子どものときからお笑いは好きで、特に漫才が好きだった。父に連れられて何度か京都花月に行ったこともあった。けれど、高校から大学に行く頃になると、次第にお笑いから遠ざかっていった。テレビを見なくなったのと、漫才番組も減っていたからだと思う。

そんなときに、紳助・竜介の漫才を見て、久しぶりにぼくの漫才好きの血が騒いだ。今の漫才はこんなレベルまできているのかという驚きとうれしさだ。

卒業が近づいてきたが、ぼくの通う京都大学文学部というところは一切就職の世話などしてくれない。企業から送ってきた募集のチラシに穴を開けて紐で綴じたものを2冊、文学部校舎の前に吊ってあるだけだ。それをめくっていると吉本興業の募集チラシが入っていて、友人と一緒に、おもしろいから受けてみようと思ったのが入社のきっかけだ。

幸い受かったものの、両親や親戚に説明するのが大変だった。親は県庁など堅いところに入ってほしいと思っていたようだが、よりによって吉本興業である。

父に電話で報告したときには「一部上場やから」と言って説得した。電話の向こうでガサゴソと新聞をめくっている音が聞こえてきた。ぼくの言ってることが本当だとわかって、ようやく許してくれた。もともとお笑い好きで、花月に連れていったり、テレビで漫才を見ては「こいつはおもしろい」とか「この漫才師は下手や」とか言ってたくせに、まさか自分の息子が吉本に就職するとは思ってなかったのだろう。

親戚の叔母に、どこに就職するのと聞かれて吉本だと答えると、冗談だと思って、「ほんまはどこに就職するの」と何度も聞き返された。4回目くらいでようやく本当のことを言ってるのだと悟り、急に吉本のことをほめ出したので苦笑した。

銀行員の叔父だけは、吉本が無借金の健全経営の会社だと知っていて、これから有望な会社やと擁護してくれた。

紳助・竜介は漫才ブームの先頭を突っ走ったが、ブームが去った後、コンビ結成後たった8年で解散した。

紳助さんはその理由をこう語った――自分たちは漫才が下手で正統派の漫才はできない

ので、今までごまかしの漫才をしていた。自分たちの漫才はおれひとりが圧倒的にしゃべることによってリズムをつくった。その方が漫才をつくりやすいからだ。技術的に言ったら決してうまいと言えない自分たちの漫才はしょせんまがい物で、阪神・巨人やサブロー・シローのような本物には勝てない。その上、ダウンタウンの漫才を見て、彼らの漫才にはとうてい勝てないと感じてやめることを決めた――。

ダウンタウンは吉本がつくったＮＳＣの１期生であった。彼らこそ漫才の革新者だと言われていた。

彼らは決して声を張ることなく、流暢でもないが、ぼそぼそとしゃべる言葉にとてつもない斬新さがあった。発想に天才的なひらめきがあった。実は完成度が非常に高い漫才なのだ。彼らはあっという間にスターダムにのし上がった。特にボケの松本人志《ひとし》はカリスマ的な存在となって、若くしてお笑い界の第一人者の位置にいた。

紳助さんはそんなダウンタウンに対して、漫才ではとうてい勝てないと見抜いてあっさり降参した。

ぼくは個人的には紳助・竜介の漫才は十分いけると思っていたし、好きな漫才だったけれど、本人は天才ゆえに限界が見えたのかもしれない。

そんな紳助さんはたった８年で漫才をやめただけに、自分の出発点となった漫才に対して負い目を感じていたという。自分を育ててくれた漫才界に対して、常々恩返しをしたいと思っていたのだ、と。そして、漫才が落ち込んでいる今の状況を挽回する何かができたら、それは漫才界に対するお返しになると考えていたのだという。

ちょうど、そんな紳助さんの前へ、漫才プロジェクトをつくって漫才を復活させたいと目論むぼくが現れた。なんという偶然だろう。ぼくの話を聞いて、紳助さんはなんとかそれに協力したいと言ってくれた。

紳助さんとぼくは漫才について様々なことを熱く語り合った。

ぼくは漫才プロジェクトで今やっていることや自分のもやもやとした気持ちを紳助さんに打ち明けた。

「イベントをやったり、テレビ局にお願いに行ったりして、少しずつ成果も上がってきたんですけど、もの足りないんです。このまま続けていても絶対に漫才ブームなんて起きないと思うんです」

そんな風に愚痴をこぼすと、紳助さんはぼくを励ましてくれ、自分の漫才への思いを語ってくれた。

どんな話をしたか細かいことは忘れたけれど、紳助さんが誰にも負けないくらい漫才を愛していて、今も漫才に感謝しているということを知ってうれしかった。

気がつくと、番組スタッフが楽屋に詰めかけてふたりの話をじっと聞いていた。そろそろ本番だと言う。時間が経つのを忘れて漫才のことをしゃべり続けていたのだ。

ぼくはもう一度伺いますと言って部屋を出た。

局からの帰り道、ぼくは紳助さんとの話を思い出していた。

漫才を復興するためにいろいろやってるけど何かもの足りないんです、と言うと、紳助さんはこう言った。

「若手の漫才コンテストをやったらどうや」

正直、意外と平凡だと思った。そんなコンテストはたくさんある。今さらそんなコンテストをやっても果たして意味があるのだろうか。

それでも紳助さんが話すと、なんだか魅力的に思えた。次第に、大きなイベントになるような気がしてきた。

もやもやした思いはあったが、このイベントをやってみようと思った。

3日後、ぼくは朝日放送に再び紳助さんを訪ねていった。紳助さんもぼくが来るのを待っていたようだ。お互いに話したいことがいっぱいで息せき切って競うように話をした。

このとき、紳助さんはぼくを驚かすことを言った。

「優勝賞金を1000万円にしよう！」

「1000万！」

「そうや、優勝したら番組に出してもらえるとかいうあやふやなもんやない。金の力で漫才師の面をはたくんや！」

紳助さんはにやりと笑った。

若手の漫才師は貧乏だ。仕事がないから収入はない、収入がないからみんなアルバイトをしている。アルバイトの合間の空いた時間に漫才をやっているような漫才師もいた。漫才師としての年収が10万そこそこの若手はいっぱいいた。そんな漫才師に１０００万円という賞金は夢のような金額だろう。

大阪の漫才の賞でそんな高額な賞金を出すコンテストはひとつもなかった。漫才に限らず音楽や演劇など、どんな分野のイベント、賞であれ１０００万円というような賞金を出すものはなかったはずだ。

一番歴史が古く、権威のあった「上方漫才大賞」でも50万円だった。それも全漫才師を対象にした大賞の賞金が50万円で、新人賞は10万円だった。その後値上げして大賞は１００万円になったが、そんなものだった。他の賞も似たり寄ったり。そんな中で１０００万円はとてつもない金額だった。文字通り、桁が違った。

これならインパクトがある。話題になる。

確かに形だけの名誉よりも１０００万円という賞金は貧乏な若手漫才師にとっては何よりも魅力であるに違いない。名より実を取れということだ。そこに目をつけた紳助さんは、まさに人間とは何かということをよく知っている。

「いいですね。ぜひやりましょう」

ぼくは、興奮してきた。1000万円をどのように調達するかは全く考えてなかった。

しかも、このコンテストが異質なのは、賞金が出るのは優勝者だけで、2位以下には何も出ないことだ。最後まで勝ち残った漫才師だけにすべてが与えられる。負ければそこで終わりだ。

「今まであったようなもんやない、漫才のガチンコ勝負や。K－1のようなガチンコの大会にするんや」

「漫才やからM－1ですね」

「そうや、M－1や」

こんな風にタイトルはM－1に決まった。K－1のパクリだと言われるかもしれないがそれでいいと思った。K－1だって元はカーレースのF－1から取った。

このコンテストの審査は厳正でなければならない。ガチンコでやる。その日の漫才の出来がすべてだ。おもしろいかおもしろくないか、それだけを審査する。そのためには漫才のことを知り尽くしている人に審査をしてもらおう。

それまでの漫才コンテストでは漫才が終わると審査員は別室に移動して審査し、後で結果だけを発表するものがほとんどだった。密室でどんな話し合いが行われたのかはわからない。

また審査は、たいして漫才のことを知っていそうにない大学教授や作家などの文化人と言われる人がやることが多かった。ときには役者や歌手やタレントが入ることもあった。紳助さんも新人時代にそういう人に審査をされて頭にきた経験があったようだ。

そうではなく、みんなの目の前で、その日の出来だけで審査する。審査をするのは漫才やお笑いの経験者、笑いに関係している人だけにするということを決めた。


さらに紳助さんはこんなことを言った。

「これはな、実はあかん漫才師に引導を渡してやる大会でもあるんや。漫才を何年もやってるのに芽の出えへんやつは、はよやめさせてやらなあかんねん。それがそいつらのためや。でないといつまででもやってるやろ。はよやめて次の仕事を見つけた方がいいのに、いつか売れると思てこの世界にしがみついてるんや。居心地がいいから。そういうやつにできるだけ早く引導を渡してやるのがこのイベントや。辛いけど本人のためや」

この世界に入った仲間の中に、何年経っても売れないのにいつまでもしがみついて、取り返しがつかない年齢になってやめていった実例を紳助さんはたくさん見てきた。もっと早い段階であきらめていれば第二の人生でやり直せたのに、中途半端な年齢まで引きずったため、大変な苦労をしている人をぼくも何人か知っている。

M－1は、このように漫才師にとって非常に残酷な裏コンセプトを秘めているのだ。

とにもかくにも、こうしてM－1をやることが決まった。


ぼくはすぐに会社に帰って橋本にこのことを告げると、橋本も興味を示した。

どのようなコンテストにするかを考えたとき、10年ほど前にやった「よしもとカラオケ選手権」を思い出した。

それは素人のカラオケの大会なのだが、西川きよしさんとハイヒールのリンゴが司会をして、審査員を『喝采』や『北酒場』の作曲家の中村泰士さんやゲストの歌手がやった。普通のカラオケ大会とは月とすっぽんぐらい違う豪華な環境で歌えるということで人気があり、多くの参加者を集めた。

よしもとカラオケ選手権が普通のカラオケ番組と違ったのは、決勝の前に厳密な予選を何段階もつくったことだ。テープ審査から始まって地域予選、地区予選、準決勝と勝ち進むと、決勝はなんばグランド花月で豪華なセットをバックにして、きらびやかな照明を当てられて歌える。それぞれの段階でガチンコの審査を行って、負ければそこで終わりだった。

高校野球も同じだ。

夏の高校野球では甲子園に出るためには地区予選を勝ち抜かないといけない。負けた時点で終わりだ。優勝候補の強豪やセンバツ優勝校が地区予選の1回戦で負けることもある。負けるとそこで終わりという厳しい大会だ。でも、逆にそれが緊迫感を呼び、大いに盛り上がる。それと同じことをM－1でやりたかった。

また、カラオケ選手権のときは、参加者は勝ち抜くにつれどんどん歌がうまくなっていった。最後の決勝に残った人たちはプロかと思うぐらいの歌唱力を身につけていた。M－1も決勝に向かって勝ち抜くにつれ出場者はどんどん漫才がうまくなっていくだろう。そして最後に最高の舞台で最高の漫才がぶつかり合う。それを見た視聴者は、漫才とはなんとおもしろいものだと気づいてくれるに違いない。

このカラオケ選手権は関西ローカルの放送であったが、ぼくはM－1は絶対に全国規模のものにしようと思っていた。決して、大阪の、吉本だけの、ローカルなイベントにはするまいと思っていた。

決勝は絶対に全国ネットのゴールデン枠で放送したかった。

関西ローカルなら吉本の力ですぐにでも企画は通り、番組ができて、そこそこの数字は取るだろう。でもそれではダメだ。決勝は全国ネットでやらないといけない。最高の舞台を用意して、それを全国の人に見てもらうのだ。そうしないとブームなど起こらない。

出場者も吉本興業の漫才師だけでなく、他のプロダクションも巻き込まないとダメだ。また、プロの漫才師だけでなくアマチュアも参加できるものにした。そうすれば一般の人に、より漫才に対する興味を持ってもらえるのではないかと思ったのだ。

カラオケと一緒だ。観るだけ、聴くだけでなく、自らも歌えるようにしたことが、カラオケがこれだけ普及した理由だとぼくは思っている。漫才にも一般人を巻き込むのだ。

M－1の全国ネットにこだわったのには、もうひとつ理由があった。

当時の吉本興業は東京本部、大阪本部の二大本社制を取っていた。中邨《なかむら》秀雄会長、林裕章《ひろあき》社長の下に横澤彪《たけし》東京代表、木村政雄大阪代表がいるという体制だ。そして、この東京本部と大阪本部がことごとく競い合っていた。

東京代表の横澤さんは元フジテレビのプロデューサーだ。「THE MANZAI」、「オレたちひょうきん族」、「笑っていいとも！」などの大ヒット番組をつくった名プロデューサーだ。1995年にフジテレビを辞め、吉本興業に来られた。

横澤さんは、例えば「タレントは露出しすぎるとすぐに飽きられる」の「露出」というような新しい言葉をつくったりして、いつも時代を切り取るような鋭いことを言われていた。

横澤さんがフジテレビにおられた時代は、木村さんはタレントを使ってもらう側で、横澤さんとは師弟であるかのような印象だった。横澤さんが話したことを翌日は木村さんが話しているといったこともよくあった。

ところが、その横澤さんが常務として吉本に来ると話が変わってきた。営々と仕事に努力してきて地位を築いたところに、横からぽっと入ってきた横澤さんが重用され出すと、木村さんとしてはおもしろいはずがない。自然に大阪と東京が対立しているような構図になってきた。

ぼくがまだ東京にいた頃、大阪の木村さんが東京ドームで3日間の大きなイベントをやったときも、東京には一切連絡がなく、最終日に横澤さんとドームに顔を出すと木村さんをはじめとする大阪メンバーからは白い目で見られた。

逆に東京がやることを大阪は無視した。

こんな状況では大阪だけでM－1をやっても東京本部には無視され、絶対に盛り上がらないと思ったので全国ネットにこだわった。なんとしても東京吉本を巻き込まないとブームを起こすような大きなうねりを起こせない。

それには林社長を立てることだと考えた。それは後述する。

その後、M－1をやることはとんとん拍子に話が進んでいった。ぼくはこのイベントがもう成功したように思っていた。それほどすばらしい企画だと確信していたからだ。

まさかこの先、解決すべき問題があれほどたくさん出てくるとは思っていなかった。本当に脳天気だった。

行き詰まり

まずはM－1のルールについて橋本とふたりで決めた。決めたのは次のようなことだ。

・出場者は年齢、性別、国籍、事務所、プロアマ問わず、コンビ結成10年以内であれば誰でも参加OK
・優勝者には賞金1000万円、準優勝以下は一切何もなし
・人気、実績、肩書きなど関係なし、その日の出来だけで審査する
・漫才とは、ふたり同時に出てきて、同時に帰るものとする。持ち道具以外は認めない

最後はコントと区別するためだ。

この中で一番悩んだのが、何年目までを出場資格ありにするかだ。最終的には10年に決めたが、そうすると出場できなくなる有力漫才師が吉本には何組もいた。彼らが参加できるように12年にするか、15年にしようかと悩んだが、どこかで区切りをつけないといけないので、結局、きりのよい10年にした。ちょっとの違いで10年を過ぎていて出場できなか

った漫才師が何組もいたが仕方がなかった。

正式には、その年の4月1日時点でコンビ結成10年以内。以内としたのはできるだけ範囲を広げたいので、10年と364日まではOKということだ。しかも4月1日時点だから、決勝の行われる12月に11年目になっていてもかまわない。それと、これはあまり知られてないが、10年を越えていてもコンビ名を変えれば出られる。

M－1の企画を詰めている頃、ぼくを助けてくれる強い味方が現れた。

それは松本裕嗣《ひろつぐ》さんという国会議員の秘書をしていた人だ。松本さんが秘書だった時代に何度か一緒に仕事をしたことがあった。松本さんが秘書をしていた原健三郎議員は、議員の中で最年長であり、最多当選回数を重ねていた。原さんの堂々たるキャラクターがおもしろかったので、ぼくはよく番組に出てもらった。司会者の質問に対して、とんちんかんな受け答えをするのだが、尋常でない威厳の持ち主なので、その落差がおもしろかったのだ。

原さんはなんと日活のヒットシリーズであった小林旭の映画・渡り鳥シリーズにかかわっていたと聞いた。

国会議員の秘書をしていただけあって、松本さんは様々な気遣いをする人だった。また、押すべきところは厚かましいぐらいぐいぐい押していく行動力があった。

ぼくはそんな松本さんから多くのことを教えられた。

その松本さんが秘書を辞めて吉本に入ってきた。ひとつの部署に入るのではなく遊軍として、秘書の仕事で培った経験やノウハウ、人脈を生かして吉本の社員を助けてやってくれということで採用されたようだ。

「常務に3つの仕事を言われたのですが、そのひとつに谷さんの仕事を手伝うというのがありましたので、お願いします」と言って挨拶に来た。

ぼくとしても松本さんのことはよく知ってるし、彼の人脈を使ってスポンサーをつけてくれればいいと思った。松本さんはそんな期待以上のことをぼくと漫才プロジェクトにしてくれた。ぼくに欠けていることを補ってくれたのだ。

ある日、会社に顔を出した松本さんは、ぼくからプロジェクトの進捗状況を聞くと、「木村常務に報告をしましょう」と言う。まだ報告するほど進んでませんよと躊躇したが、松本さんはいやがるぼくを強引に木村常務の部屋に連れて行った。

ぼくはそれまで上司に報告をすることをあまりしない社員だった。そういうところが上司からかわいがられない理由だったかもしれない。

そんなことはどっちでもいいとぼくは考えていた。それよりも仕事で結果を出すことの方が大事だと考えていたのだ。

テレビ局に仕事を取りに行く、タレントや部下と話をしてコミュニケーションを図る、企画を練って新たな番組やイベントをつくる、才能のある新人を見つけ出し育てる。そういうことが大事だと考え、上司に報告するのなんか二の次でいいと考えていた。むしろ頻繁に常務室に出入りする人間のことをおべっか使いめと軽蔑していた。

松本さんはドアをノックして返事があると、「失礼しまあす」と言ってドアを開け、何事かといぶかる常務の前にぼくを押し出した。

「何や」

「谷さんから漫才プロジェクトの報告があるそうです」

松本さんはぼくの後ろからそう言う。そうなると何か言わざるを得ない。あまり進捗していなかったが、現在の状況をかいつまんで報告した。

だが、報告をしてみると、現在の状況を改めて正確に把握でき、課題が見えてきた。それに、プロジェクトがけっこう進捗していることに気づいた。

木村常務はうむうむとうなずいた。ぼくの報告によって、漫才プロジェクトが順調に動いていることを確認して、良い感触を持ったのかもしれない。

ぼくにしてみれば、こんな報告をしたぐらいで木村常務の機嫌が良くなることが驚きだった。後にぼくも部長やら専務になり、現場から離れるとその理由がよくわかった。部下ができると、現場がどうなっているのか気になり隅から隅まで把握しておきたいのだ。そうでないと不安になってしまう。そんな人間心理を松本さんはよく理解していて、こうした方が上司は喜ぶのだということを身にしみてわかった上で報告しましょうと言ったのだ。もしかしたら、原さんにきつく仕込まれたのかもしれない。

松本さんのアドバイスのおかげでずいぶんと仕事がやりやすくなった。とりあえず上司の木村さんの機嫌が良いので、自信を持って仕事を進めることができたのだ。さらに、M－1の話が出たときも、松本さんに話をすると、「すぐに常務に報告しましょう」と勧められたのだった。

ぼくが「まだ何も決まってないし、やろうかなという段階ですので、もう少し形ができてからでいいでしょう」と躊躇しても、松本さんは「いやすぐに報告した方がいいのです」と言って聞かなかった。

それでぼくは翌日の制作部の全体会議で現状報告をし、M－1という漫才のコンテストをやりたいと発表した。そのとき、こう付け加えることを忘れなかった。島田紳助さんと話をしていてこんな企画をやろうという話になりました、と。

すると、木村常務はそれまでのむすっとした顔から急ににこやかな顔になり、「わかった」と言った。

紳助さんの名前を出したのは、木村常務が紳助さんを好きなことがわかっていたからだ。普通に出していたらやめろと言われていたかもしれない。作戦成功だ。

それにしても、やはり松本さんの言うように、ふだんから小まめに報告をするようにしていたことが良かったのだと思う。

その後、スポンサーや放送するテレビ局がなかなか決まらない状況でも、松本さんは中間報告を入れるようにとぼくを引っ張るようにして常務室に連れて行った。普通ならなんらかの進展があってから報告するものだと思うのだが、松本さんの言うように進展なしでも途中報告を入れると人は安心するのだ。進展がないと報告しにくいものだし、いつも進展なしでは怒られるだろうが、それでも入れた方がいい。

ぼくは次第に自分から報告に行くようになった。


さて、M－1の出場者集めの一方で1000万円を提供してくれるスポンサーを見つける必要があった。それから、決勝の模様を放送してくれるテレビ局を見つける必要もあった。

ぼくはこんなものはすぐに見つかるだろうと思っていた。ところが実際には両方ともいつまで経っても全く見つからなかった。


漫才プロジェクト自体は順調に進んでいた。

漫才の認知度が次第に上がり、大阪ではポツポツと漫才番組ができてきた。テレビ大阪の「めっちゃ！漫才」は年に2回の特番枠だったものが、視聴率が良かったので8月から月1回のレギュラー化が決まった。劇場にも少しずつお客さんが増えてきたように感じた。

それになんといってもM－1の構想が決まったことが大きかった。このイベントは大きなうねりをつくり出すような予感がしていた。そういうところがぼくが楽天的（甘ちゃんだとも言えるが）で、何でも良い方に考えて落ち込まない所以なのだが。

ぼくは1000万円の賞金を出してくれるスポンサー探しとともに、放送してくれるテレビ局探しに入った。

そんなとき、木村常務のところにフジテレビの制作部の佐藤義和《よしかず》GP（ゼネラルプロデューサー）と吉田正樹《まさき》副部長がやってきた。2001年4月26日のことだった。

佐藤さんは横澤さんの下でひょうきんディレクターズを結成して「佐藤ゲーハー義和」として活躍され、「オレたちひょうきん族」や「笑っていいとも！」のプロデューサーをされていた。吉田さんはその頃若手社員で「オレたちひょうきん族」のAD（アシスタントディレクター）などをやっていて顔見知りだった。

ぼくはその席に呼ばれて、「今度M－1という漫才のイベントをやりますので、大晦日の紅白の裏で放送してください」と冗談っぽく言って売り込んだ。

すると吉田さんが興味を示して「ああ、いいですよ」と軽く受けてくれた。

そして、実はこの5月に「THE MANZAI」の復活版を考えていると教えてくれた。「THE MANZAI」は80年代の漫才ブームのきっかけとなった伝説的番組だ。

この番組は、最初はプロ野球の雨傘番組（野球が雨で中止になった場合に放送される番組のこと。レインコートとも言われる）だったが、放送されるやいなや大反響を呼んだ。前日まで全く無名だった漫才師が、一夜明ければ街で顔がさすぐらいに有名になった番組だ。そして一挙に漫才に火がつき、日本中を漫才が覆い尽くした。

そんな伝説の番組の復活が企画されているということは、フジテレビもいよいよ漫才に目をつけたということだ。これはチャンスだ。

フジテレビはお笑い番組に関しては他局を一歩も二歩もリードしていた。他局だとなんだか魅力のない番組になってしまうお笑いが、フジテレビがつくると全然違ったものになるのだ。それもあってフジテレビは、視聴率三冠王を１９８２年から１９９３年まで12年間にわたって取り続けていた。

後日改めて連絡があり、「ＴＨＥ ＭＡＮＺＡＩ２００１〜ヤングライオン杯〜」の詳細を伝えてきた。

ヤングライオン杯というタイトルに何か余計なものがついているなと感じたが、新しいＴＨＥ ＭＡＮＺＡＩをつくろうという意欲の表れだと思うことにした。

吉本からは、キングコング、ロザン、ランディーズ、中川家、ハリガネロック、フットボールアワー、品川庄司、ＣＯＷＣＯＷの８組、他社からは海砂利水魚（現くりぃむしちゅー）、ＴＩＭ、Ｘ－ＧＵＮの３組だった。爆笑問題が司会だ。吉本を非常に優遇してくれている。今から思うとなかなかの面子だ。

メンバーは劇場視察や面談をした中で有望だと思う漫才師を中心に選んだ。キングコング、ロザン、ランディーズの3組は先述の通りWEST SIDEというユニットを組んで歌を歌ったりして人気だった。あとは実力派。品川庄司は東京で評判なので入れた。

ぼくは意気揚々「さあやるぞ」と一行を引き連れて東京に乗り込んだ。

この番組で再び漫才に火がつくかもわからない。そうすればその後のM－1の成功にも大いに期待が持てる。そんな思いで意気込んでいた。


しかし、そんな思いはリハーサルの段階で打ち砕かれることになる。

控え室でモニター画面を見ていると何だか漫才師たちの反応が変なのだ。特にキングコングの梶原の様子がおかしい。マイクに顔を近づけたり遠ざけたりしながら首をかしげている。

不思議に思って見ているうちにようやく気づいた。マイクの調子がおかしいのだ。

ぼくはあわてて客席に走った。

梶原に「どうした?」と聞くと、「マイクがおかしいんです」と言う。ネタの中でマイクに口を近づけて声を大きくしようとしたのに大きさが変わらないため、梶原はうろたえて間を外してしまった。調べてみると前に立ててあるスタンドマイクが音を拾っていない。

電源が入ってないのだ。梶原はマイクに顔を近づけて急に大きな声を出して相方を驚かすというネタをやっているのに、声が大きくならないから首をかしげたのだ。スタンドマイクはダミーで、声は体につけたピンマイクで録ろうとしていた。

これには心底がっかりした。漫才をピンマイクで録るなんて考えられなかった。

漫才はサンパチマイクと呼ばれる集音型のスタンドマイクでふたりの声を拾うのが常識だ。そんなことはみんな知っていると思っていた。劇場であれ、テレビであれ、漫才といえばサンパチマイク（注　ソニーが1970年から販売しているコンデンサーマイクロホン「C－38B」。通称、「サンパチ」。固定マイクで収音の範囲が広いことから漫才のステージ用マイクとしてよく使われており、「サンパチマイク」といえば漫才師の象徴とされるくらいの有名なアイテムとなっている）が業界の常識だ。

あのフジテレビですらそんな常識を知らない。東京ではここまで漫才が忘れられていたのだ。ぼくはすぐにマイクの電源を入れてもらった。音響スタッフもディレクターもピンマイクとガンマイクの方が音がきれいに録れるのに、とでも言うように不満顔だった。

それに先ほどからモニターを見ていると、カメラを頻繁に切り替えている。しゃべっている方の顔をアップで映しているのだ。しかし、漫才はしゃべっている方だけでなく、それを聞いた相方がどんな反応をして、どう返すかがおもしろいのだ。だから、バストショットでふたりを映しておくのが一番だ。しゃべっている方だけをアップにしていては相方の反応がわからない。ドラマのようにセリフが決まっていればカメラの切り替えもできるが、漫才はアドリブの要素も多く、早口でまくし立てるので、しゃべっている方だけを映すのでは追いつかない。バストショットでふたり一緒に撮るのが常道だし、ずっと固定のバストショットでいいのだ。

ところがフジテレビのディレクターはまるでドラマのように、しゃべっている方だけをアップで抜いていた。これではふたりの掛け合いの妙が伝わらない。

漫才の何がおもしろいかを自分の感覚としてわかっている人であれば、しゃべっている方だけをアップにして映すなんていうバカなことをするわけがない。

その点、関西のテレビ局のディレクターは先輩から連綿と伝えられ教えられているので、漫才では必ずふたりのバストショットをおさえることを忘れなかった。それがあった上で、効果的にアップの映像を入れる。それはみんなが待っているギャグを言うところだったり、出だしの説明台詞を言うところだ。ふたりの丁々発止のやり取りを録り落とさないため基本はふたりのバストショット。それに全身。それにプラスしてひとりひとりを抜くためのカメラだ。

THE MANZAIを放送して漫才ブームをつくったフジテレビがこんなていたらくでは他の局は推して知るべし、もっとひどいことになっているんだろうと暗澹たる気持ちになった。

やはり東京では漫才は過去のものになっていたのだという思いを強くした。フジテレビが漫才に目をつけてくれたのはよかったが、このざまを見るとあまり期待できそうになかった。

後日放送されたこの番組の視聴率は5・0％だった。土曜の16時台という関東ではあまりテレビを見られていない時間帯とはいえ、期待していた数字とは大きく離れていた。

関西では放送されなかったので、録画テープを送ってもらって視聴したが、画面が暗く全体的に低調な感じがした。これでは漫才ブームは巻き起こせないと思った。

フジテレビもこの低視聴率にがっくりしたのか、編成がＴＨＥ ＭＡＮＺＡＩのゴールデンへの進出は難しいと言っているそうだ。ディレクターの変更などの改善を提案したが、8月に予定していた第2回は中止になりそうだった。

１９９4年に視聴率三冠王を日本テレビに取られ、それから7年連続で日テレの後塵を拝しているフジテレビは、お笑いに関してももう力を持っていないのかと思うとすごく残念だった。

やはりふだんから漫才に親しみ、お笑いの好きな人がプロデューサーやディレクターをやらないとダメなのだと思った。ＴＨＥ ＭＡＮＺＡＩをつくった横澤さんやひょうきんディレクターズはブームを起こす前から小まめに寄席小屋に足を運んでお笑いを見ていた人たちだった。その中からツービートやＢ＆Ｂ、セント・ルイスなどのおもしろくて活きのいい漫才師を発掘したのだ。

M－1を全国ネットのゴールデンでやるというぼくの目論見は無謀なことに思えてきた。

スポンサー探し

THE MANZAI2001ヤングライオン杯は失敗に終わったが、そんなことにこだわって止まっているわけにはいかない。

全国ネットで放送してくれるテレビ局と1000万円を出してくれるスポンサーを探さなければならない。

当初ぼくは、ほんとに見通しが甘く、こんなにおもしろい企画に1000万円を出してくれるスポンサーなどすぐに集まると思っていた。それも、コカ・コーラのようなメジャー級の企業が。

今考えたらほんとに楽観的で甘ちゃんなのだが、当時のぼくは心からそう信じていた。考えてみれば、世間から全く忘れられている漫才の、しかも誰も知らない若手のコンテストにどこの誰がスポンサーになってくれるだろう。そんなこともわからないほどM－1という企画にほれ込んでいたのかもしれない。

まずは制作部の全体会議で「1000万円を出してくれるスポンサーを募集していま す」と訴えた。1000万円と聞いて会議に出席していた全員が唖然としていた。やはりそれは想像を超える金額で、みんなの度肝を抜いたようだ。

当時の大阪には企画・制作部と営業開発部のふたつの部署があった。企画・制作は広告代理店などと組んで企業CMを取ってくる部署、営業開発は直接企業と組んで宣伝・プロモーションをやる部署だ。

企画・制作部は澤、営業開発部はMという後輩がチームリーダーだった。澤は海外の大学を出てMBA（経営学修士）を取っているし、Mは大手印刷会社時代に木村常務と知り合って吉本に来ないかと誘われた男だ。ふたりともぼくとは正反対で、木村常務の覚えがめでたく、お笑いのことは全く知らないが、スマートで金儲けに関してはなかなかできる男だった。

ぼくはふたつの部署の部会に出向いていって、M－1グランプリというイベントをやることになったので、その優勝賞金1000万円を出してくれるスポンサーを見つけてほしいと訴えた。

「それはどんなところでもいいのですか」という質問が部員から出た。

「どこでもいいですよ。できればコカ・コーラなどナショナルブランドがいいけど」と言うとみんなが笑った。ぼくは笑いを取ろうとしたのではなく、本気でそんなブランドが取れると思っていたのだけど。

今や立場が逆転してしまったが、ぼくはスポンサーを獲得するためだと思ってふたりに頭を下げた。ふたりとも先輩が頭を下げたのでわかりましたと言ってくれた。

そして澤とMの上に立つのがCP（チーフプロデューサー）の竹中君だ。彼とは同期だ。竹中君にもスポンサーを取ってくれるようにお願いすると「おう、わかった」と言ってくれた。

3人とも返事はよかったが、いつまで経ってもはかばかしい進展はなかった。

ぼくはまだ比較的しゃべりやすかった澤に「飲料メーカーとかお菓子メーカーなど漫才イベントにふさわしいスポンサーが取れへんかな」と聞いてみた。澤は、顔はにこやかだが、ぼくの甘い考えを吹き飛ばすかのように「電通や博報堂にも言うてますけど難しいと思います」とあっさり言った。最初からできないものと決めつけているようでムッとした。それでもぼくはしつこく食い下がって、毎日のようにどうなったと彼のところに進捗を聞きに行った。そのたびに塩対応をされて、昔なら怒鳴りつけていたと思うが、こちらが頼む立場だと思い我慢した。

もうひとりのMは最初から気乗り薄で、木村さんに言われたから探すふりをしているだけなのがありありとわかった。いや、ふりすらしていなかった。

ぼくが入社した頃は吉本の社員は最初はマネージャーをやるのが通例だった。総務部とか経理部に配属が決まってない限り、そうだ。マネージャーは売れっ子について、担当の芸人さんと一緒に走り回り、話し合い、一緒に飯を食べ、酒を飲む。仕事がうまくいけば喜び合い、うまくいかない場合は喧嘩もする。反発し合い、協力し合う。

そんな中で自然と信頼関係ができて、仲良くなっていく。情も絡んでくる。

ところが澤やMは芸人とは全く無関係の世界で生きてきて、ぽんと吉本に入った。芸人と交流がないので、必然的に芸人を見る目に情が絡まない。

われわれだと、例えばCMの話があれば自分の担当のタレントにやらせたいと思う。そうでなくても、この仕事はあのタレントに向いているから、やらせてやりたいという感情が湧いてくる。向いてなくてもやらせたいと思う。

彼らの場合は、広告代理店の人間のように、あのタレントはおもしろい、あのCMに使えるんじゃないかと、冷静に見るのだろう。ただ、そこには情が働かないので、ギャラとかスケジュールとかタレント好感度調査を優先して選ぶことになる。ドライで冷静な、ある意味、適切な判断ができるとも言えるが、そこにはこの芸人さんを使ってほしいという、吉本社員、マネージャーとしての思いや愛情はない。

それでは吉本興業の社員である意味はないのではないかと思う。今ならAIに頼むようなものだ。

そんなときにショックなことを聞いた。

竹中君が「谷やんの言うてたあのイベントはできるかどうかわかれへんからスポンサーなんか探さんでええで。それより他の案件をがんばってくれ」と部員に言ったらしいのだ。探してやってくれと言うどころか、わざわざ探さなくてもいいと言うとは。同期入社で調子のいい返事をしたくせに、裏でそんなことを言ってるのかと悲しかった。

今になってみれば彼が危惧した理由もわからなくはないが、そのときは、こっちも必死だったのでショックだった。そんなことを言った彼にとてもむかついた。当時はメジャースポンサーがつくことを信じて疑ってなかったので、よけいに腹が立った。でも何も言わなかった。文句を言えば自分がみじめになるだけだと思ったのだ。彼とはそれから1年くらい口をきかなかったと思う。

CPがわざわざ探さなくてもいいと言う、かと思えば、「大きなスポンサーは見つけられませんけど、小さいところで心当たりがあるので当たってみます」と言ってくれる者もいた。人間にはいろいろなタイプがいるなあと思った。

まあ、ほとんどの人間が竹中君と同じように、そんなわけのわからない漫才イベントにスポンサーがつくわけないやん、と思っていたということなのだが。1000万円はそれぐらい突飛で、異常な金額だったのだ。そんなわけでスポンサー探しは全く進まなかった。

そんな風にスポンサー探しに奔走しているとき、元議員秘書の松本さんがデスクにやってきた。夏が近づき暑くなって、みんながラフな格好をしているのに、相変わらずきちっとスーツを着て汗を流している。

「谷さん、M－1のスポンサーになってくれそうな会社がありますんで、会いに行きましょう」

「ほんまですか！」

うれしかった。担当部署の人間が誰も真剣に考えてくれてない中で、この言葉がどれだけありがたかったか。

早速松本さんについて兵庫県伊丹市にある会社に行った。兵庫県を地盤としていた原健三郎議員の懇意にしていた会社で、松本さんはしょっちゅう挨拶まわりに訪れ、お願い事をしていたという。

松谷化学工業株式会社（以下、松谷化学）というその会社はデンプンをつくる会社だという。デンプンと聞いて首をかしげたが、社内に展示されている松谷化学のデンプンを使った商品の数に驚いた。デンプンはうどんやラーメンはもちろん、スナック菓子やチョコレート、お茶やジュースにまで使われているのだ。市販されているすべての食品に使われているのではないかと思えるほどだ。

松本さんの旧知の総務部長の上野さんが出てきて松本さんとの再会を喜び合った。上野さんは商品の説明をしてくれた。デンプンの役割は幅広く、松谷化学の名前は出ないが、実際には海外も含めて非常に多くの食品に使われているそうだ。

デンプンをつくっている会社が漫才のイベントのスポンサーになってくれるだろうかと思った。松谷化学という名前は業界では知られていても、一般人にはほとんど知られていないし、知られたところで、ＢｔｏＢ、つまり企業相手に商売をしている企業がスポンサーになるメリットはない。ぼくはおおかたあきらめていたが、松本さんがぐいぐい押していくので、それに後押しされるようにＭ－１の売り込みをした。

そこで上野さんが小さなパッケージ商品を出してきて「これは弊社が今売り出しているパインファイバーという商品です。デンプンからつくっていて食物繊維がたくさん含まれ、整腸作用があり、肥満防止や血糖値、中性脂肪を下げる働きがあるんでよく売れてるんです」と言って製品をくれた。

これならＢｔｏＣ、つまり個人客相手の商品だからＭ－１のスポンサーになるメリットはあるかもしれない。ぼくは急に態度を変えてスポンサーになるメリットを訴えた。上野さんは社長に上げてみますと言ってくれたが、気乗り薄そうだった。松本さんとの関係で一応話を聞いてくれたという感じだった。

パインファイバーや松谷化学でつくっているインスタント味噌汁をたくさんもらって帰

り、会社でみんなに配った。スポンサードは期待薄だが、話を聞いてくれ、丁寧に説明をしてくれた上野さんにせめてものお返しがしたくて、吉本興業の社内だけでもパインファイバーの宣伝をした。

そのうち、スポンサーの話がいくつか舞い込んできた。企画・制作の澤が某大手不動産会社の話を持ってきた。電通からCMの話があったのに関連づけてくれたのだろう。

さらに株式会社オフィスバックアップの旭奈博之社長にスポンサー探しの依頼をすると、彼が若いときから食い込んで、電通並みの信頼を得てプロモーションの仕事をもらっている某大手食品企業に言うてみますと言ってくれた。

旭奈社長は最初はテレビの公開録画のときの客入れをしていた。例えば、劇場で正月番組の収録をするときに、正月らしさを出すために客席の1列目2列目あたりに着物を着た女の子を座らせる。12月にそんなお客さんはいないから、お金を払って女性客を仕込んで晴着を着せて座らせるのだ。そういう仕事から始めて、企業の商品プロモーションをやったり、イベントの裏方をやったりと文字通り企業のバックアップをしていた。そのうち、テレビ番組の企画をつくって、吉本の持っている特番枠で放送するようになった。

彼は30代でまだ若く、やる気に満ちていた。髪の毛を前に高く上げて、仕事も遊びもいけいけだ。仕事を始める前はかなりやんちゃだっただろうと想像している。

彼が偉いのは、まだまだ会社も小さく、売り上げも少なかった時代から、媚びることなく、常に昂然と胸を張って仕事をしていたところだ。

よしもとカラオケ選手権をやったときには、旭奈社長と一緒にカラオケスナックやらバー巡りをした。夕方、開店前の準備に忙しくしている店に行って、強引に大会の話を聞いてもらい、頼み込んで壁やトイレにポスターを貼らせてもらった。

その彼が得意先の食品会社に協賛をお願いしてみますと言ってくれたのだ。これは期待が持てた。

そんなふうに徐々にスポンサーの話が舞い込み出したときに、企画・制作部の松田がお話がありますと言ってきた。彼はもともと寝具の会社で営業をしていたが、吉本がメディアマジック・インタラクティブという会社をつくってネット事業を始めたときに転職してきた。ぼくもパソコンでわからないことがあると彼によく教えてもらった。その彼が企画・制作に異動になって今は営業活動をしていた。

「谷さんが前におっしゃってた漫才イベントのスポンサーになってくれそうなところがひとつあるんですが」

「M－1や」

「そうでした。そのM－1のスポンサーになってくれるかもしれない会社があるんです」

「ほんま?! どこやそれは」

「オートバックスです、カー用品の」

スポンサーの話はうれしかったが、正直に言うとオートバックスと聞いて少しがっかりした。カー用品と漫才とはとても結びつかない。コーラとは言わないが、せめてもう少し漫才イベントにふさわしいスポンサーはつかないものかと思った。

贅沢を言ってるとは思ったが、それが正直な気持ちだった。しかしそんなことを言ってる余裕はない。

「オートバックスがどうしてまたM－1なんかに興味を持ったんやろ」

「オートバックスの社長が木村さんの講演を聴いたことがあって、それで吉本に興味を持ちはったみたいです。それをぼくのつきあいのある代理店の人が教えてくれたんです」

木村さんの講演か。木村常務は年間200回以上の講演をしていた。小さなメモ書き1枚だけで1時間から1時間半の講演を流暢にこなされているという話はぼくも聞いたことがあった。内容はお笑い界の内情からビジネスの話まで聞き応えのある講演だそうだ。

その講演をオートバックスの社長も聴いたのか。なんとなく悔しかったが、縁ができたのも木村さんのおかげだと思い、感謝しようと思った。

松田から詳しく話を聞いて5月中旬に早速オートバックスを訪ねることにした。

オートバックス社は1947年、大阪福島で自動車部品卸売り会社として創業した。創業者は住野敏郎さん、1994年に息子の住野公一さんに社長を譲った。

大阪から移転したばかりの東京・三田にある本社に伺った。

オートバックス社の広告や宣伝を専属で担当するブレーニングというハウスエージェンシーの長峰さんという人と、もうひとり宣伝部門の担当者が出てきた。長峰さんは堅そうな人だったがサングラスのような色のついた眼鏡をかけているのが印象的だった。

「お話は一応伺っておりますが、おたくのされるイベントが弊社にとってどのようなメリットがあるか、詳しくお聞かせいただけますでしょうか」

漫才なんて全く興味はない。漫才って何ですか？　ふたりの顔にはそう書かれているようだった。むしろ、こんなとんでもない企画を持ち込まれていい迷惑だという気持ちがありありと顔に出ていた。

オートバックス社はCMにF1レーサーの鈴木亜久里《あぐり》や阪神タイガースの真弓明信《あきのぶ》という二枚目を使ってイメージアップを図っていた。そんなときに、なんで漫才だという気になっても仕方ない。社長の気まぐれに振り回されて、仕方なく相手をしてやっているという思いだったのだろう。

しかしこちらは必死だ。M－1は画期的なイベントで、間違いなく漫才ブームの起爆剤になって大人気になりますと訴えかけた。自分でも本気で思ってないことをしゃべるのは空々しかったが、そのうちだんだんそれが真実であるかのように思えてきたから不思議だ。その後で、横にいる松田が淡々と、でも熱を込めてM－1のスポンサーをしていただければこれだけのメリットがありますと数字を入れて細かく説明をした。ぼくひとりであったらとてもできないプレゼンだった。

松田の細かい説明に納得せざるを得なかったのか、上に通してみますという返事をもらえた。

翌週になってもう一度詳しい話を聞きたいと連絡が来て、再度プレゼンに行くことになった。二度目があるということは可能性があるということだ。

別件もあったので前日に東京に乗り込むことにした。ところが待ち合わせの伊丹空港に着いて驚いた。松田がオレンジ色のシャツにGパンというえらくカジュアルな服装で来たのだ。初回もジャケットを羽織っただけの軽装だったので気になっていたのだが、今回はきちっとした身なりをしていた方が良いに決まっている。ちなみにぼくはもちろんスーツだ。

「こんなときにそんな軽装で来たんか。スーツを着てこいよ」

「迷ったんですけど。でももう間に合いません」

「間に合うわ、東京で買いに行け」

「ええー」

「そらそやろ。そんな格好で営業に来るようなやつをだれが信用するねん」

松田はなんのことかわかりませんというような顔をしていた。

「あのな、ふたりのセールスマンがいて、夏の暑い日に同じような商品を売りに来たとして、ひとりはきちんとスーツを着てネクタイを締めて汗をだらだらかいている、もうひとりは涼しげなラフな格好をしてたらどっちから買う？　スーツを着てる方を選ぶやろ？」

「そらまあ気持ちはわかりますけど。でも暑いのにわざわざネクタイを締めんでもいいのと違いますか。ぼくならスマートに暑苦しくない格好で来た方を選びますけどね」

「確かにそういう考えもあるかもしれないけど、ぼくはネクタイの方から買う。買うてやりたい。誠意があるやろ。それが普通ちゃうか？　今から商品を売り込みに来た方がラフな格好をしてたらオートバックスの人はどう思うかな。その程度の軽い気持ちで来たんやなと思うやろ。向こうはスーツやろ。ライバルはいっぱいいるんや。東京なら安いスーツはいっぱい売ってるやろから朝までに買いに行っとけ」

松田は納得できないようだった。その後は広告代理店大広の小野という人物を紹介されて、スポンサー契約やテレビへどのように交渉していくか作戦を練った。

翌日、松田は待ち合わせ場所にスーツを着て現れた。多少バカっぽい感じのスーツだったが、一応はスーツだった。昨日別れてから買いに行ったようだ。

「どこで買うたんや？」

「渋谷のドン・キホーテで」

ぼくに言われて仕方なくなのか、それとも自分でも納得してそうしたのかわからないが、とにかくスーツを着てきた。

それからふたりでオートバックス本社に向かった。

前回よりも具体的に話を進めたが、宣伝担当の長峰さんの態度は前回とあまり変わらず、やってくれるのか、くれないのか判断がつきかねた。とにかくこちらとしては押しまくるしかない。


オートバックスの話を進める一方で、他のスポンサー候補にも動きがあった。

驚いたことに、松谷化学は社長がかなり乗り気だと上野さんから連絡があり、松本さんとふたりで再び会社を訪れ、状況を伺った。金額的には1000万円は出せないが、パインファイバーのプロモーションのためにはある程度お金を出してもいいと社長がおっしゃっているそうだ。予想外の展開に、ぜひよろしくとお願いした。

これはつきあいをずっと続けてきた松本さんのおかげだった。

大手不動産会社はその後進展がなかった。

大手食品会社の方は5月の下旬になってバックアップの旭奈社長から、事業部のOKが出たとの連絡をもらった。来週本部長の決定が出るとのことだった。もし決まったら松谷化学と競合しないのかとうれしい心配をした。

その間にオートバックスの話が進んだ。うれしいことに、社長が興味を持ってくれているということだ。

いよいよその社長に会うことになった。

木村常務の講演がきっかけだったので、常務にも同行をお願いした。３人で飛行機で向かった。今回は松田もきちんとしたスーツを着ている。

羽田からタクシーに乗って三田に向かう。

ぼくが今までの経緯を話すのを木村さんは雑誌をぺらぺらとめくりながらふんふんと聴いておられた。カバンの中には他にも何冊か雑誌が入っているようだった。木村さんは常に週刊誌を読んで情報を仕入れているのだ。それは西川きよしさんにしても同じだった。空港にお弟子さんが迎えに来るベンツの後部座席にはいつも2、3冊の週刊誌が置いてあった。それだけたくさんの週刊誌をよく読めるものだと思った。

オートバックスの本社に着くと、いつもと違い応接間に通された。木村さんがいるからなのか。木村さんがとても頼もしく思えた。

緊張して待つわれわれの前に現れた住野社長は青いシャツの上に大きな柄のジャケットを羽織っておられた。着るではなく羽織るという感じだった。

黒いつやつやとした髪と大きな鼻が印象的だった。太い黒縁のメガネがまるで鼻眼鏡のように見えた。

住野社長は「どうもどうも」と軽い挨拶をして座るなり、「ぼくはネクタイを締めてる人間を信用してないんですわ」と切り出した。

ぼくら3人はあっけに取られた。吉本新喜劇なら、ドタドタとソファから転げ落ちているところだ。どういう意味だろう。きみたちは信用できないと言われているのか。それとも自分がネクタイをしていないことの言い訳なのか。

返す言葉に困っていると住野さんは何事もなかったように自己紹介を始めた。

「父がこの会社をつくり、ぼくは2代目です。ずっと大阪でやってたんですが、去年、東京に本社を移しました」

こちら側もそれぞれ自己紹介をした。

木村さんが「吉本も大阪が本社ですが、東京も本社として二大本社制をとってます。売り上げは東京の方が多くなりました」と言うと「吉本でもそうなんですか」と驚かれた。

「やはりテレビなどのメディアの売り上げが全然違いますからね。大阪は劇場と営業の売り上げが主体です」

「漫才の方はどうですか」

木村さんがこちらを向いたのでぼくから説明した。

「漫才ブームが終わって20年近く経つ間に、劇場の入りが悪くなり、漫才もすっかり落ち込んでいたのですが、最近は劇場にも少しずつお客さんが戻ってきています。漫才を観に来てくれる人が増えてきました」

「そうですか。東京では全然漫才のことを聞きませんが、大阪はどうなんですか」

「大阪では盛り上がってます。活きの良い若手が育ってますし、それを観にくる若い女の子で劇場はいっぱいです。もうすぐ漫才ブームが来ると思います」

「大阪では漫才ブームが来ますか」

住野社長はぐっと身を乗り出して聞いてきた。

「もう大阪には来てます。吉本の近くの千日前《せんにちまえ》まで来ています」

「ほお、千日前まで来てますか」

住野社長はうれしそうだ。

「はい、千日前のビックカメラの前まで来ています」

そう言うと、住野さんは爆笑された。

木村さんは、「よう言うわ、こいつ」という顔をして笑っている。

もちろん大阪でも漫才ブームなど来ていない。千日前まで来ていますというのは、橋本とふたりで漫才大計画の売り込みに行ったときにジョークとして言っていたことだ。大阪の人はジョークとわかって笑ってくれたので、ここでも思い切って言ってみたのだ。

「そうですか、大阪ではすぐそこまで漫才ブームが来てますか。じゃあ、東京に来るのももうすぐですね」

「そうです。ですから、ぜひこのM－1のスポンサーになってください。きっと話題になると思いますので」

そう言うと、住野さんは静かに語り出された。

「私の父はとても厳しい人で、仕事も『怒りの経営』だったんです。わたしはそれがいやでねえ。だからわたしは『笑いの経営』でいこうと思ってるんです。それで今回の漫才のイベントのお話を聞いたときにこれやと思たんです」

信じられない思いだった。ネクタイを締めている人間は信用できないと言われたときはこれはダメだと思ったのに、ここまで乗り気になってもらっているとは。これはいけるかもしれない。

「そうですか、漫才ブームは千日前まで来てますか」

住野社長はそう言って何度もうなずかれた。

数日後、松田とふたりで詳細な企画書を持ってオートバックス社に向かった。中には松田と大広の小野くんとで考えた予算も入れていた。

宣伝担当の長峰さんは前回までとうってかわってニコニコしていた。社長のGOサインが出たので風向きが変わり、愛想が良くなった。

「社長からはやる方向でいくようにと言われていますので、実現に向けてがんばりたいと思います。それで全体予算なんですが、われわれとしては7000万〜8000万円ぐらいが限度かなと考えていますが、いかがでしょうか」

7000万〜8000万円と聞いてあわてた。こちらの見積もりよりも高い。

ぼくは松田が渡そうとしている企画書を奪って、テーブルの下で最後のページを破った。そこには予算5000万円と書いてあるからだ。

「まあ、それぐらいで大丈夫だと思います。われわれの考えているのは大体こういう企画です」

ぼくは声が上ずらないように気をつけながら、何事もないかのように予算を抜いた企画書を見せた。

沈黙が続いた。

長峰さんは注意深く企画書を読んで、やがて「これでいきましょう」と言った。

「やったあ!」

心の中でそう叫んだ。飛び上がりたい気分だった。

「ありがとうございます!」

何度も頭を下げて社を出た。

出た途端、松田と抱き合った。今度は声を上げてやったあと叫んだ。往来の真ん中で昼日中に男同士が抱き合っているのを、通りかかった人が怪訝な顔をして見ていた。どう思われてもよかった。何度も飛び上がって喜び合った。

それから何度かオートバックス社に伺って打合せを行った。

オートバックスの社内ではほとんどの人が反対しているようだ。当然のことだが、訳のわからない漫才イベントに大金を出すことに疑問を感じている人は多かった。いや、社長以外は全員反対していたのかもしれない。

そんな中で住野社長はM－1をやると言ってくださったのだ。おそらく社長は、漫才ブームはそこまで来ていますというぼくの言葉がうそだとわかっておられたと思う。うそだとわかった上で信じたふりをしてくださったのだ。それを思うと今でも泣きそうになる。

それでも、M－1が大きくなるにつれオートバックスには少しお返しができたと思っている。

M－1と言えばオートバックス、オートバックスと言えばM－1と言われるぐらいに、M－1とオートバックス社は一心同体だった。

ちなみにオートバックス社は正式にはオートバックスセブンという。住野社長になんでセブンなんですかと聞くと、「ウルトラセブンのセブンです」と答えられた。ぼくはずっとそれを信じていた。

オートバックスが決まる頃には大手不動産会社の話は立ち消えになっていた。大手食品会社もダメだったと旭奈社長から連絡が来た。

これで、オートバックスがメインスポンサーで、松谷化学にも協賛金を出していただくというところに落ち着いた。

第三章

猛者たち

テレビマンたち

暑い夏が訪れようとしていた。

スポンサーが決まればあとは放送してくれるテレビ局探しだ。

スポンサー探しと並行して、ぼくは東京のキー局にM－1の売り込みを始めていた。今まではスポンサーが決まっていなかったので力が入らなかったが、これからは堂々といける。

THE MANZAI2001ヤングライオン杯が低視聴率に終わったので、フジテレビでM－1グランプリをやるというのは期待薄だった。漫才に関しては一番期待していた局だったのでフジを外すのは痛かった。
念のため、ダメ元でフジテレビにもう一度掛け合ったが、答えはやはりノーだった。編成局が、漫才番組を今やるのは時期尚早だと判断したということだった。

数年後にR－1ぐらんぷりの決勝収録のためフジテレビに行ったときに、プロデューサーの小松純也《じゅんや》さんが「あのときに谷さんの言うことを聞いておけばよかったです。まさかM－1がこんなに大きくなるとは夢にも思ってもいませんでした。フジテレビが断ったのは失敗でした」と残念そうに言われ、少し溜飲を下げた。

小松さんは当時、バラエティ界をリードしていた佐藤義和さん、吉田正樹さんの下で制作部にいて、M－1を断った現場にいらしたようだ。フジテレビのディレクター、プロデューサーとして「笑っていいとも！」や「ダウンタウンのごっつええ感じ」などを手がけ、後にフジテレビを辞められてからも「チコちゃんに叱られる！」や「人生最高レストラン」のプロデューサーとして第一線で活躍されている。

ちなみに、R－1ぐらんぷりはM－1成功の勢いを受けて、翌年の2002年に今度は落語を活性化しようとして始めた企画で、橋本くんがプロデューサーになり、関西テレビ系列で放送している。


フジの後、ぼくは日本テレビの土屋敏男プロデューサーと会った。

土屋さんと言えば、ノンアポで突撃レポートを仕掛ける番組で大当たりを取った「電波少年」シリーズの伝説のプロデューサーだ。眉毛の長い首相の眉毛を切らせてとお願いしたり、漫才コンビふたりだけでユーラシア大陸をヒッチハイクさせるというとんでもない、けど抜群におもしろい企画をつくって高視聴率を取った。

日本テレビで仕事をしたことは何回もあったが、土屋さんと会うのは初めてだった。

Ｍ－１グランプリのことを説明して、日本テレビで放送してもらえないかとお願いをした。

「ぼくは結果がわかっているものはいやなんです」

「どういうことですか」

「これは結果がわかってるでしょう」

「いえ、わかりません。ガチンコ勝負をするつもりですから、誰が優勝するかはわかりません」

「でも、誰かは優勝するでしょう」

「そりゃそうです。そのためにやるわけですから」

「だから、それがおもしろくないのです。ぼくは結果がどうなるかわからない企画に興味があるんです」

最初は何を言ってるのかわからなかったのだが、話しているうちに意味がわかった。

土屋さん曰く、誰かわからないけれど、誰かが優勝することは決まっている。その結末は確定事項だ。それはつまらない。

例えば、漫才番組だと思って見ていたら、最後に優勝者がどこかへ拉致されて、いなくなってしまう、そういうものがおもしろいと土屋さんは言い切った。

これはぼくとは全然考え方が違う。

なるほどこの人はそういう発想をしているのか。土屋さんならではの発想だ。だからあいう企画が生まれたのだ。土屋さんは常に予想できないことが起こるのがテレビのおもしろさ、楽しさであり、それでこそやる意味があると思っているのだ。根本的に発想が違う。

うがった見方をすれば、あの番組の出演者は土屋ワールドの単なる小道具のひとつだったとも言える。

M－1グランプリは違う。漫才師が主役だ。そのガチンコ勝負がおもしろいのだとぼくは確信している。合うはずがなかった。

番組企画は採用してもらえなかったが、この人のテレビマンとしての理屈には納得してあきらめた。やっぱりこの人は変わった感性の持ち主だと思った。テレビマンと興行会社の人間では発想が違うのかもしれない。

ただ、もしかしたら土屋さん以外の人だったらOKをもらえていたかもしれない。いや、視聴率にどん欲な日テレではやはり無理か。

日本テレビがダメなら次に当たるしかない。

朝日放送の元プロデューサーで今やテレビ業界の大御所である澤田隆治《たかはる》さんに相談すると、テレビ東京のプロデューサーにつないでくれた。

テレビ東京に行くと、プロデューサー以外にもうひとり男がいた。澤田さんと一緒に番組をやっているという構成作家だった。

「谷君、この人はね、ドキュメンタリー番組の構成作家をやっている。売れっ子だよ。きみの持ってきたM－1グランプリだけど、彼が構成をしているテレビ東京のドキュメンタリー枠でどうかなと思うんだ」

確かにM－1グランプリはドキュメンタリーと言えばドキュメンタリーかもしれない。若手の漫才企画ではおそらく通らないと見越した上で、澤田さんはドキュメンタリー枠に目をつけたのか。

それにしても、ドキュメンタリーの構成作家？　ドキュメンタリーに構成作家がいるのか。ドキュメンタリーといえども、ある程度の流れの構成が必要なのはわかるが。ぼくは不思議に思ったが黙っていた。その構成作家はなんとなくつんとしていた。

ぼくは3人にM－1グランプリの企画を話した。これは若手漫才師の漫才のガチンコ勝負の大会であること、ガチで予選を勝ち抜いてきた漫才師10組が決勝で戦う番組だと説明した。

聞き終えた構成作家が不思議なことを言った。

「決勝に出てくる10組の中に病気の親がいるコンビはいませんか」

「決勝に誰が残るかは最後までわかりません。ましてや病気の親がいるかどうかなんてわかりません。ガチンコが売りの大会ですから」

「いや、そういう何か衝撃的なことがないと視聴率は取れませんよ。例えば、決勝に残ったコンビのひとりの母親が重い心臓の病気にかかっていて、決勝の当日、大手術をすることになる。その漫才師はM－1グランプリの会場に行くか、それとも母親の病院に行くか、悩み抜くんです。そして、悩んだ揚げ句に病院に向かう、あるいは、M－1の会場に向かうんです」

「そんな母親を持つ漫才師がいるかどうかわからないし、よしんばいたとしても、その漫才師が決勝に残れるかどうかはわかりませんよ」

「そういう漫才師を探して、決勝に残すんですよ」

そんな当たり前のこともわからないのか、と言われているような気がした。

この男は何を言ってるのだ、皆目わからない。途中でばかばかしくなってきた。

ガチンコの漫才の大会だと説明しているではないか。それがM－1のキモなのだ。

病気の親を持つ漫才師を、やらせで決勝に残せというのか。そんなことをしたら漫才を復興するという目的とは全く違うものになる。

漫才でなくても何でもいいことになる。例えば皿回しコンテストでもいいし、こんにゃく投げコンテストでもいいのだ。要は、重病の母親の手術日とコンテストの決勝が同じ時間にあり、どちらを取るか悩んだ揚げ句に母を選ぶというストーリーがあり、それに合う人物を決勝に残し、悩む様子を番組のメインにするということだ。

視聴率は取れるかもしれないが、そんなまがい物の番組を見て誰が漫才の魅力に気づいてくれるというのか。それどころか、漫才のおもしろさをどこでアピールするのだ。添え物程度にちょこっと映される漫才をおもしろいと思う人がいるだろうか。逆に漫才とはしょせん添え物で、たいしておもしろくないのだと見なされてしまうだろう。

澤田さんはどう思っているのかと思い、表情を見た。

澤田さんはこれまでの人生でいくつもの名物番組をつくってきた大プロデューサーである。

朝日放送のラジオで「漫才教室」という素人参加の演芸番組をつくり、この番組からは横山やすし、桂枝雀、桂文枝(三枝)、おぼん・こぼん、ルーキー新一、レツゴー正児、若井ぼん・はやとなど多くのプロの芸人を輩出した。このうちの何人かは家が貧しくて、彼らのもらって帰る賞金が家計を大いに助けたという。後の枝雀さんはこの番組から出る賞金で子どもながら一家の家計を支えていたという。

澤田さんはその後、視聴率60％を取った「てなもんや三度笠」というコメディや「花王名人劇場」という漫才ブームの一因になった番組をつくってきただけに、お笑いを下に見るこんな発想には我慢できないだろうと思った。いや、常に高視聴率を取ってきた人だけに、視聴率を取るためにはこれぐらいのことをして当然と考えるのだろうか。澤田さんの表情からはどちらとも読めなかった。

しかし、ぼくはいやだった。こんな方法で視聴率を上げたとて、それが漫才にとってなんの意味があるだろう。嘘のドキュメンタリーをつくって視聴率を取ったとしても、実体が伴わない単なる張りぼて番組ではないか。それは漫才番組ではない。漫才のおもしろさはどこにも出てこない。そんなものをぼくはつくりたくない。嘘のドキュメンタリーを誰が見たいだろう。ぼくは世間の人たちに漫才のおもしろさを知ってもらいたいのだ。

話は平行線のまま終わった。片方は漫才のガチンコ勝負を見せることこそがおもしろいと思っているし、それで視聴率も取れると考えている。もう一方は、視聴率を取ることが目的で、そのためにいかに衝撃的なストーリーを持たせるかということこそが要だと考えている。ドキュメンタリーも演出してこそなんぼだと言ってるのだ。

おれの言った通りにやれば視聴率は取れるのに、なぜこのド素人は漫才などというつまらないものにこだわって必死になっているのだろうとこの男は思っているに違いない。

ぼくはこの男にだんだん腹が立ってきた。

お互いに許容し合えないまま物別れに終わった。まあ、彼の考えるような番組をやったとしても、1回限りで終わっただろう。

こんな風にしてM-1グランプリを放送してくれる局はいつまでたっても決まらなかった。

テレビ局の人間と話をしていて見えてきたのは、彼らの考えているのは、吉本の人気タレント、例えばさんまさんやダウンタウンが司会をするバラエティ番組があって、その中の一部として若手の漫才をちょこっと流すコーナーがあるという程度だった。それでは話にならない。

ぼくは最初、こんなにおもしろい企画ならすぐに決まるだろうと思っていたのに次から次と断られて、次第に焦ってきた。テレビで放送してもらえなければせっかくの企画も意味をなさない。

TBSにもやんわりと断られて、残るはあと1局、テレビ朝日だけになった。

テレビ朝日には系列局である大阪の朝日放送の和田省一執行役員が出向されていた。和田さんには昔からお世話になっていた。大学の先輩でもある。

報道番組である「サンデープロジェクト」の司会をお笑いの人間である島田紳助にやらせるという画期的なことをして、島田紳助の新たな一面を切り開いた人だ。

和田さんに紹介してもらってテレビ朝日の河合常務に会うことができた。河合常務は白髪の温厚そうな紳士だった。

ぼくは河合常務にM－1グランプリのことを熱を込めて説明した。河合常務はぼくの説明を聞き終えると、「わかりました、できるかどうかわかりませんが社内の会議に諮ってみます」と言ってくれた。

横で和田さんもうんうんとうなずいている。

これはなんとかなるかもしれないと思った。常務が請け負ってくれて、社内会議に諮るということは重みが違う、これはほぼ確定ではないかと喜んだ。

ぼくは喜んで大阪に帰り、橋本や松本さんにうまくいきそうだと報告した。ふたりとも初めての好感触に「ほんまですか」と喜んだ。

数日してテレビ朝日に返事を聞きに向かった。しかし河合常務の返事はノーであった。

テレビ朝日内の会議で、「いまどき、どうして漫才番組なのだ、漫才で視聴率が取れるはずがない」という意見が多数でどうすることもできなかった、というのが河合常務の答えだった。お力になれずすまないと頭を下げられたが、漫才の評価はその程度なのだということを改めて思い知った。河合さんはそんなことはわかっていたのかもしれない。わかっていながら、あえて社内に諮っていただいた河合さんには感謝しなければならない。

和田さんも同席されていたが、横で残念そうな顔をされていた。

困った、全局アウトだ。放送してくれる局がなければM－1グランプリも成立しない。漫才の復興などあり得ない。

またオートバックスの住野社長の了解はもらえたが、担当の広報や営業の人間との交渉は遅々として進んでいなかった。オートバックス社内ではまだ反対論が多く、逆風を感じながら交渉を重ねた。

肝心なことがふたつとも決まらないまま止まってしまった。

年末に決勝を行うなら、逆算して9月には予選をスタートしなければならない。時間はもうない。1週間後の8月10日に記者発表を予定していた。このままでは、放送するテレビ局は未定という状況で記者発表をしないといけない。下手をしたら放送はないということになるかもしれない。それは絶対ありえないことだ。

そんな状況で弱り切っているとき、和田さんから電話があった。

朝日放送が持っている全国放送の特番枠がいくつかあるから、そこでM－1グランプリをやってみないかという話だった。

「ほんとうですか！　そんな枠があるのですか」

「日曜日や火曜日の19時から21時の枠があります。その前の30分の枠も入れて2時間半の枠でどうでしょう。よろしければ社内で提案します」

いいも悪いもなかった。全国ネットのゴールデン枠、しかも2時間半も、これ以上望むことがあろうか。

「ありがとうございます」ぼくは電話に向かって頭を下げた。

「いやあ、谷さんが河合さんにあれだけ一生懸命に説明をしているのを聞いているうちに、これをテレビ朝日に任しておいていいのだろうかと思ったんです。漫才番組を大阪の局がやらなくてどうするんだと思ってね」

飛び上がりたかった。ありがたい話だ。

早く気づくべきだった。全国ネットということで東京のキー局しか頭になかったが、準キー局である大阪の各局も全国ネットの枠をいくつか持っているのだ。

それに、大阪局は昔から漫才やコメディなどのお笑い番組をつくっているのでキー局よりもお笑いのノウハウを蓄積しているはずだ。特に朝日放送は一貫してお笑い番組やコメディをつくってきた局だ。毎年、独自に漫才・落語の新人コンテスト「ABCお笑い新人グランプリ」をやっているほどだ。朝日放送こそ理想の局だったのだ。

「至急担当を決めて連絡させます。がんばってください」

「がんばって、いい番組にします。ありがとうございました」

電話を切った後も、しばらく胸の高鳴りが続いていた。

橋本や松本さんに放送が決まったと言うと、ほんまですかと言って信じなかった。本当のことだとわかると、松本さんは「やりましたね。すぐ木村常務に報告しましょう」と例によってぼくを常務室まで引っ張っていった。

「朝日放送で放送してくれることになりました」

木村常務は最初ポカンとされていたが、事実だとわかるとふだん滅多に見せない笑顔になった。

「そうか、じゃあしっかりやるように」

ひと言で終わった。でも、こんなにうれしそうな木村さんの顔を見たのは初めてだ。その顔がよくやったと言ってくれているように感じた。木村常務も自分が言い出した漫才プロジェクトのことなのでうれしかったのだろう。

さあ、放送局も決まった。いよいよスタートだ。

集まれ次世代漫才師！

スポンサーとテレビ局が決まりいよいよ動き出すことになったが、やることはいっぱいあった。

まず出場者を集めないといけない。そのために記者発表をやる、それも東京で。ポスター、チラシの製作を一番にやる。それから予選開始だ。会場の押さえと審査員の確保、予選の告知、オートバックスとの打合せ、朝日放送との打合せ……思いつくだけでも膨大な数だ。

その合間に漫才大計画やｂａｓｅ漫才計画、テレビ大阪「めっちゃ！漫才」の打合せ、収録もある。その他テレビの漫才番組もぼちぼちできてきたので、そのブッキングもしなければならない。

木村常務は漫才プロジェクトの人員を増やしてはくれない。そうなると橋本とふたりだけではまわりきらなくなったので、バイトを雇うことにした。

バックアップの旭奈社長に声をかけて事務局の仕事を手伝ってくれる女性スタッフをひとり入れてもらった。垂水愛というその子は、新卒で4月に入社したばかりの、おでこが特徴のかわいい子だった。最初は何をやっていいのかわからない様子だったが、とてもやる気があり、優秀だということが次第にわかってきた。決勝が終わる12月までバックアップには行かず、吉本大阪本社に出勤してもらった。

彼女は最初、いかつい顔をしたぼくと橋本を見てものすごく恐ろしげな人たちだと思ったそうだ。おまけに細かいことは何も教えてくれないので、どこに何があるかもわからず右往左往していたらしい。こちらはそんなことには気づかず、ああしろ、こうしろと立て続けに指示を出す。そういった状況でほんとによくやってくれたと思う。

それと吉本の吉野伊佐男取締役からSMSという事務所を紹介してもらった。若手3人で会社を立ち上げて、企業のお手伝いという形でイベントをやったりしている会社だった。吉野さんは吉本には珍しく、温厚篤実で、いつもニコニコしていて声を荒らげることがない人だった。最初は経理の人だったが、途中から制作部門に移って、CM関係のことを一手に引き受けておられた。それと並行してWヤングやザ・ぼんちのマネージャーをされたこともある。CM関係でわからないことがあると吉野さんに相談すればよかった。

話は脱線するが、吉野さんで忘れられないのは「スケ会議」だ。スケとは助っ人のことだ。

何かと言うと、ぼくが入社した頃は漫才ブームで売れっ子漫才師は西へ東へと日本中を走り回っていた。ところが当時は売れっ子でも月に20日か10日はなんば、うめだ、京都の花月劇場の出番が10日単位で入る。そこにテレビ番組が入ったり、地方の営業が入ったりしても、原則として劇場出番を抜くことはできなかった。

劇場は最優先なので、なんとかやりくりして劇場に戻ってくる。それでもどうしても入れないときがある。特に木村さんは東京所長時代、大阪の劇場のことなど知らん顔で東京のテレビ番組を2本3本とバンバン入れてくる。そうすると帰って来れなくなる。

その場合は、その芸人に代わって別の芸人を探して代演とする。それは担当のマネージャーが探さなければならない。代演は同等かそれ以上の者を入れないと劇場支配人から思いっきり怒られる。

特に、なんば花月の吉本勝彦支配人は、マネージャーから代演の連絡を入れると烈火のごとく怒り出し、「現場を馬鹿にするのかっ！」と受話器を叩きつけた。おかげで、電話を入れた者の耳にはキーンという音が残り、割れた黒電話は数知れず、エボナイトの受話器はガムテープで補修されていた。

マネージャーは他の芸人さんのスケジュールを見てここでいけるとなると、その芸人さんに電話して代演を頼む。ところがその芸人さんも当然売れっ子なので劇場やテレビ局を忙しく走り回っている。空き時間を調べて、劇場やテレビ局の楽屋の電話にかけてお願いする。一歩違いで帰った後だったりすると、また次の行き先を追いかける。ようやく捕まえても、断られることもある。その時間に別の仕事があったり、用事を入れてたりするからだ。たまにはその芸人さんのスケには行きたくないということもある。そうなるとまた別の芸人さんを探す。そんな風にして一日が過ぎることがあった。今のように携帯電話があればもっと楽だったのだろうが。

それが一番ひどかったのが、いくよ・くるよさんのマネージャーをしていた玉利君で、いくるさんが忙しくなっていたこともあるが、玉利君は要領が悪いので毎日スケ探しに明け暮れていた。

それがあまりにも非効率で、もっとやらなければならない大事な仕事があるだろうということで、マネージャーが集まって代演を決めようということになった。言い出したのが吉野さんだ。これを代演会議、略してスケ会議と言った。

マネージャーはそれぞれが担当している芸人が劇場を抜ける日を申告する。それに対して、全員でスケを決める。ここは○○がいけるやろ、なんばの本出番の後でうめだにまわってもらおう、この芸人は京都で営業をしてるからそれが終わったら京都花月に行ってもらおう、という具合に全体を見て効率的に芸人を割り当てる。

つまり、今までは担当マネージャーが個人で探して芸人さんに頼み込んでいたものを、集団でやるようにしたのだ。

いくよ・くるよはここで阪神・巨人にスケに来てもらってるから、ここは行ってくれ、サブロー・シローはザ・ぼんちの代演をだいぶやってるから、ここはぼんちに2回やってもらおうという風に全員で決める。スケ会議で決まった代演はある程度の強制力を持っていたのが良かった。担当マネージャーから芸人に伝える。その会議の座長が吉野さんだった。おかげでわれわれマネージャーは無駄な動きをしなくてもよくなり、ものすごく助かった。玉利くんはいっぺんに楽になったと思う。「玉利救済のためのスケ会議」と言われた。

話を本筋に戻そう。その吉野さんから紹介されたのがＳＭＳだった。最初は胡散臭い会社だと思っていたが、結果的には大正解だった。

ＳＭＳから最初は女性スタッフを入れてもらったが、途中から社長の立田善嗣《よしつぐ》くん自らが入ってくれるようになった。彼は見た目がいかつくて、声も大きくてガラが悪そうだが、非常にきめ細かな応対ができる人間で、事務仕事をテキパキとやってくれた。小まめに出演者に対応してくれた。わかりやすい書類をつくって整理してくれた。

彼もＭ－１にはなくてはならない人間のひとりになった。

ある日、橋本と立田くんと３人で飲みに行く途中で信号待ちをしているときに、立田くんがピッチングのまねごとをした。上下ともに黒ずくめの体にぴっちりした服装を見て、「若いときはダンサーをしてて、今は引退してダンススクールをやってるおっさんみたいやな」とみんなで笑った。元ダンサーにしたのは、太って腹が出ていたからだ。

出場者の募集を開始するに当たっては、まずはポスター・チラシをつくらなければならない。

今と違って、ＳＮＳはない。せいぜいガラケーでメールのやり取りをするぐらいの時代だ。ホームページはあるにはあったが、現在のようにみんながなんでもネットで情報を検索するなんていうことはなかった。ｉＰｈｏｎｅができたのは２００７年だ。

告知をするのはまずポスターをつくってからという時代だった。

デザインをどうするかとなったとき、ぼくの頭の中に浮かんだ人物がいた。

東京渋谷でＷｅｂデザインをやっている平尾雅一という人だ。平尾さんとは東京時代（１９９２～98年）に知り合い、ぼくが当時使い始めたＭａｃのＰｏｗｅｒＢｏｏｋのことでいろいろ教えてもらった。ときどきわからないことがあると、渋谷にある平尾さんの事務所を訪ねた。

あるとき事務所に行くと、平尾さんはアルバムジャケットやポスターに使う女性モデルの写真の修正を行っていた。モデルの顔を大きく引き伸ばした画面で、顔にあるシミや不要な陰とかをひとつずつ消していく地味な作業だ。その細かさに感心した。というのもふだんの平尾さんからはそんな姿は想像できなかったからだ。

髪を長く伸ばし、ひげは生え放題で、麻雀パイの一索（イーソー）に似ていた。本人はムンクの『叫び』のマネをするのが得意だったが、尾羽打ち枯らしたむさ苦しいキリストを想像してもらえば大体当たっている。

六本木のキャバクラに行くと、平尾さんはいつもホステスさんに頼み込んでハイヒールを脱いでもらい、その臭いを嗅いで興奮した。しまいに、ハイヒールにウイスキーを入れて飲ませてくれと頼んで断られていた。

実を言うと、この段階ではまだM－1グランプリという名前は確定していなかった。ぼくの中ではM－1オープントーナメント、略してM－1オープンという名前が最有力候補だった。最初に書いた企画書のタイトルもM－1オープントーナメントとなっている。平尾さんともうひとり東京時代の親友の小倉さんと話していて、M－1グランプリの方がわかりやすくていいと言われてグランプリに決めた。

その平尾さんにポスターをデザインしてもらえませんかとお願いした。もちろん大阪にもイベントポスターのデザインをする会社はいくつかあったが、ぼくは、今までにないポスターにしたかったので、ダメ元で平尾さんに頼んでみた。平尾さんなら斬新なデザインをしてくれるに違いないと思ったのだ。平尾さんは渋ったけれど、全部自分に任せてくれるならということでOKしてくれた。

M－1のポスターは2002年から平尾さんデザインの外国の子どもの写真を使ったシリーズが評判になったが、1年目は平尾さんが描いたラフな、殴り描きのようなイラストを使った。ふたりの男がスタンドマイクの前で漫才をしているイラストだ。

実を言うと、本当はやすし・きよしの写真を使ってデザインしてもらおうと思ったのだが、解像度や権利の関係で適当な写真が見つからなかった。それでイラストにすることになり、平尾さんのデザイン案でイラストレーターに描いてもらうことになった。

ところがぼくは、平尾さんがサインペンで描いてきたラフなデザイン案の3つのうちの1枚がとても気に入ったので、これをそのまま使いましょうと言ったのだ。

誰をモデルにしているわけでもないだろうが、その漫才師がとんがっていて、勢いにあふれ、ぼくはひと目で気に入ったのだ。平尾さんはこのラフ案を元に写真かイラストレーターに絵を描いてもらおうと思っていたのだが、時間もないし、その絵が良かったのでそれをポスターにしてくれと頼んだ。平尾さんは躊躇していたがそれで押し通した。

平尾さんには安いギャラでつくってもらった。M－1がうまくいったらそのときにお返ししますという約束で。

その代わり、平尾さんと小倉さんに大阪まで来てもらって歓待した。まずは一芳亭で焼売を食べ、その後で居酒屋に行き、さらにキャバクラに行き、飛田新地の見学にも連れて行き、最後に屋台のラーメンまで食べた。そして翌日は千とせで肉吸いを食べさせ、最後になんばグランド花月を観劇してもらって終わりという、大阪のコテコテの味と文化を堪能してもらった。ふたりともこの接待のことは今も鮮明に覚えているということだ。

平尾さんのデザインを元にしたポスターにはこう書いた。

オートバックスM－1グランプリ2001

エントリー期間：2001年8月11日（土）〜9月28日（金）
応募資格：コンビ結成10年以内の漫才師
　年齢、性別、プロ・アマ、所属会社を問いません
2001年の漫才NO1は誰だ⁉
　漫才格闘技、頂上決戦！
　集まれ次世代漫才師！
　奪え賞金1000万！
主催：オートバックスM−1グランプリ2001実行委員会
特別協賛：株式会社オートバックスセブン
協賛：松谷化学工業株式会社
後援：（ここにおそらく全国朝日放送と入ります）

エントリー開始は記者発表翌日の8月11日になっている。いかにギリギリになって放送局が決まったかがわかる。放送局はポスター案を考えているこの8月2日の段階ではまだ確定していなかったので、「おそらく」と書いてある。しかも、テレビ朝日に気を遣って朝日放送じゃなく、当時のテレビ朝日の社名である全国朝日放送と書いてある。これは結果的には朝日放送という表記になった。

ポスターのデザインが決まり、あとは印刷するばかりになり、いよいよ出場者集めを開始した。

吉本の漫才師に告知をすると同時に、他の事務所にも働きかけた。

まずは、大阪の他の芸能プロダクションに声をかけることにした。特に永年ライバルと目されてきた松竹芸能にもぜひ参加してもらうのだ。

ぼくは松竹芸能とケーエープロダクション、和光プロダクションに声をかけて漫才担当者にミナミのビアホール、ニューミュンヘン南大使館に集まってもらった。

いったい何をやらかすんだという目で戦々恐々としている他事務所の面々に向かって、ぼくは言った。

「今日皆さんにお集まりいただいたのは、ぜひとも皆さんにご協力いただきたいことがあるからです。今度M－1グランプリという漫才イベントをやることになりました。これは、今やすっかり人気のなくなった漫才を復活するためのイベントです。誰でも参加OKの漫才コンテストで、優勝賞金は1000万円です」

垂水くんに合図して、M－1の募集告知のポスターを広げた。まだ刷り上がっていないので、その前の段階の清刷り《きよず》と言われるものを1枚もらってきたのだ。

1000万円と聞いて、集まったメンバーは驚きの声を上げた。旧知の和光プロの八木さんは「ほんまに1000万円も出すんでっか」と半信半疑だった。

「ほんまです。皆さんの協力がぜひ必要です。ぜひ皆さんの会社の漫才師を参加させてください」

「審査員は誰がするんですか」松竹芸能の担当が聞いてきた。

「予選は漫才作家や朝日放送系列のテレビ局の社員の予定で、厳正な審査をやってもらうつもりです。決勝はなんらかの形で漫才・お笑いに関わっている人にするつもりです」

「優勝はもちろん吉本に決まってるんでしょう」

松竹芸能の社員が皮肉っぽい目をして言った。

「そんなことはありません。もし吉本の漫才師が優勝するに決まっていたら誰も見ないでしょう。それでは漫才は復活しません。漫才を復活するには吉本だけでなく、いろんな会社から参加した漫才師がオープンに戦って優勝を決めることが必要だと思っています。吉本のお手盛りの大会では漫才は復活しません。そのために絶対に公平な審査をして、一番おもしろい漫才師が優勝する大会にします」

「そんなこと言うても、結局は吉本の漫才師が優勝するんでしょう」

松竹芸能の担当者はどうしても信じられないらしい。不審そうな目でぼくをにらんだ。他社の担当は、ぼくと相手のやり取りを興味深げに見ていた。彼らとて同じ思いを抱いているのだろう。吉本の漫才師が優勝しない大会を吉本がするはずがない、ましてや

1000万円も用意して、と思っているに違いなかった。

「いえ、絶対にそんなことはありません。公正な審査をします。吉本だけのものだったら、絶対に漫才は復活できません。誰でも参加OKだし、おもしろければ誰でも優勝できる大会です」

ぼくは力説したが、誰もが半信半疑の目をしていた。ぼく自身も吉本の漫才師が優勝してほしいと思っていたし、他社に取られてはならないと思っていた。ただ、他社が取ったとしてもそれに横槍を入れることはできない。そして、それはM－1が公正であることの証拠になるのだ。

ぼくは白けた表情の面々に向かって公正な審査が結局は漫才の復活につながるし、その結果、お宅の会社も儲かるのだということを繰り返し力説した。いくら言っても信じてもらえないかもしれないが、今はただ言い続けるしかなかった。

「まあ、ゆっくりビールでも飲みながら話を聞いてください」

ぼくは松竹芸能の社員にビールを勧めた。吉本興業が松竹芸能を接待するなんて歴史始まって以来初めてだろうと思いながら。他のプロダクションの人にもぜひお願いしますと頼むと、「どうせうちは優勝できるような漫才師はいませんけど、参加させてもらいます」と言ってくれた。

松竹芸能も最後には、渋々であったが、所属の漫才師に告知しますと言ってくれた。

大阪のプロダクションはこのような方法で直接訴えることができたが、東京のプロダクションはそうはいかなかった。漫才プロジェクトはお金がないので、東京まで行ってられない。利益を出すまではけちけち作戦で行くしかない。

そこでぼくは手紙を送ることにした。東京には大きなお笑いのプロダクションがないので、『芸能事務所一覧』という本に載っているプロダクション・事務所宛に手紙を書いた。

＊＊＊＊＊＊＊＊ Ｍ－１グランプリ２００１開催のお知らせ・出演お願い ＊＊＊＊＊＊＊＊

集まれ次世代漫才師！　奪え賞金１０００万！

吉本興業ではこの度 カー用品販売大手 ㈱オートバックスセブンの全面協力のもと、次世代のエンターテイメント界を担う新しい才能を発掘すべく、所属プロダクション、プロ・アマを問わずに参加できる漫才オープントーナメント

『オートバックス　Ｍ－１グランプリ２００１』

を開催することになりました。

優勝賞金はなんと１０００万です！

これは、昨今の漫才隆盛の動きに注目し、盛り上がりつつある漫才をさらに盛り上

げ、その人気を不動のものとするために企画した漫才の選手権です。

今回、㈱オートバックスセブン様のご協賛をいただき、全国数千組の中を勝ち抜いた優勝者には1000万円という超破格の賞金を出せることになりました。

オープントーナメントのこの大会は参加自由です。

漫才をやる方であれば、年齢、性別、プロ・アマを問わず、所属プロダクションを問わず、どなたでも参加いただけます（ただし、コンビ結成10年以内）。

漫才をやる方は、この機会を逃さず、ふるって参加いただけますよう、よろしくお願い致します。


各プロダクションの皆様には、事務所の垣根を越え、漫才の発展のためにぜひ所属漫才師の方の出演の御許可、御協力をお願いいたします。

２００１年８月吉日

オートバックスＭ－１グランプリ２００１事務局
事務局長　谷　良一
（吉本興業漫才プロジェクトリーダー）

その本では、そこがなんの事務所かわからなかったので、載っているところに手当たり次第に送った。見当違いの漫才コンテストの募集が送られてきて、音楽事務所や演劇事務所、モデル事務所、ダンス事務所などは驚いたと思う。

しかし、目算がなかったわけではない。ぼくは今までの経験から音楽や演劇をやっている人間は笑いが好きで、なかなかセンスのある人が多いという印象を持っていた。その連中が1000万円という賞金に惹かれ、おもしろがって参加するに違いないと思ったのだ。それに、歌手や俳優も参加しているという話題づくりと、底辺を広げることにつながると考えた。

手紙を出して1週間後、担当者が読んだであろうと思われる頃に次々と電話をかけた。「吉本の谷と申します。1週間ほど前に手紙を出したのですが、もうお読みになっていただいたでしょうか。今度うちで企画しておりますM－1グランプリという漫才のイベントの手紙です」

反応はまちまちであった。「確かに読みました、どのように手続きをしたらよろしいでしょうか」と言ってくれるところ、「そんな手紙をもらったかな？」と言う事務所、「まだ読んでないので読んでみます」と言うところ、「担当が今出ておりますのでわかりません」と言うところ、「うちはモデル事務所ですのでこういうものには出ません」と言うところ、などなど、様々だった。

担当が出ていますと言うところには、いつならいるかと聞いて、しつこく何度もかけた。明らかに居留守をつかっているだろうというところもあったが、またかけますと言って電話を切り、その通りまたかけた。相手が根負けするまでかけた。

東京はなかなか難関であったが、こういうしつこい方法で電話をしまくって、かなりの数の事務所にM－1の存在をわかってもらえたと思う。

ただ、お笑いの事務所は漫才師が1000万円につられて出たがっても、事務所が許さない場合があった。どうせ吉本の企画だから、優勝は吉本が取ることは決まっている、そのための引き立て役になる必要がどこにある、という理由だ。中には参加希望の漫才師を無理矢理やめさせたところもあったようだ。事務所の言いつけを聞かずに参加した漫才師もいたらしいが。

吉本の社内でももちろん参加を募った。1000万円という破格の賞金に漫才師たちは度肝を抜かれたようだったが、本当にもらえるとは誰も思っていないようだった。「どうせ最後はうそでしたというオチでしょう。だまされませんよ」と言う芸人もいた。

8月10日に記者発表を行った。

発表にポスター・チラシは間に合わなかったので、印刷前の清刷りの段階のポスターをデザイン会社からもらい、「後援　朝日放送」と書いた紙を自分たちで貼ってなんとか間に合わせた。

テレビのことはまだ何も決まっていなかったので、イベント中心の記者発表になる。テレビのことはこれからいくらでも発表できる。とにかく参加者を募集することが一番だ。できるだけたくさんの漫才師に参加してもらい、いい漫才を全国の人に見てもらうのだ。

その手始めが記者発表だ。場所は東京芝公園のプリンスホテル。オートバックスの住野社長、吉本の林社長、発起人として島田紳助さん、それとぼくの4人が壇上に並んだ。

吉本の代表は林社長だ。林社長は挨拶が大の苦手だ。

昔、社員の結婚式の主賓挨拶で「本日は……」と言ったきり5分間黙ってしまったという逸話の持ち主だ。それは吉本の社員にとって長い長い5分間だったという。

渋る社長になんとかやっていただくようお願いした。挨拶の原稿をぼくが書くので、それを読み上げるだけでオッケーですとなんとか説得して出ていただくことになった。

多少のリスクはあったが、M－1グランプリは吉本興業を挙げてのイベントにしたいし、オートバックスの社長に出席してもらうのだからうちも社長じゃないと失礼だ。

それだけでなく、これには吉本の社内事情も反映していた。大阪の案件はこういう記者発表には木村常務が出るのが最近の恒例であったが、そうなると東京代表の横澤常務の気が収まらない。そんな大阪のイベントは大阪だけでやってくれ、ぼくは知らないよとすねられて協力してもらえないおそれがあった。ここは社長に出てもらって両者を抑えてもらおうと思ったのだ。それぐらい東京と大阪の対抗意識がすごかった。

記者発表会場の東京プリンスホテルには多くの新聞社、雑誌社、テレビ局が集まった。ここでやろうと自分が決めたくせに、東プリというあまりの大舞台にぼくはびびってしまった。まさか自分がこんな有名なところで記者発表をやるとは思わなかった。でもそんなことは言ってられない。やるしかない。

発表は林社長からである。

「この度、吉本興業はM－1グランプリを開催することにいたしました。弊社は横山エンタツ、……」と始まっていきなり絶句した。原稿では「弊社はエンタツ・アチャコが」としていたところだ。書いてある通りにエンタツのあとアチャコと続ければよかったのに、エンタツさんに屋号の「横山」を付け加えてしまったために、アチャコさんにも屋号をつけねばならなくなった。おそらく屋号の「花菱」をど忘れされたのだと思う。

長い沈黙のあと、ようやくアチャコと言葉が出てきてほっとした。横にいるぼくや紳助さんをはじめ、吉本の社員は全員凍りついた。それでも、林社長の人柄の良さとM－1グランプリにかける思いは伝わったと思う。

林社長は最後に「再び漫才ブームを巻き起こしたい」と締めくくった。

続いて住野社長の番だ。住野さんはうって変わって流暢にカー用品の会社がなぜスポンサーになったのかを、自身の「笑いの経営」と絡めておもしろおかしくしゃべられた。笑いも入れて堂々たるものだ。どっちがお笑いの会社かわからない。

続いて島田紳助さんがM－1グランプリをやることになったいきさつを述べた。

「漫才は本当にしんどい商売なんです。漫才ブームの頃は毎日が戦いでした。今、がんばっている漫才師たちに、真剣に戦う場と夢を与えてあげたかった。思いっきり戦ってもらい、日本一おもしろい漫才コンビを送り出したいという思いでいっぱいです。

審査はなんらかの形で漫才に関わってきた人にやってもらいます。誰もが納得できる審査方法で、格闘技の大会のようにフェアな戦いができるようにしたいです。雰囲気はもうK－1と同じです。

もうひとつ狙いがあります。今も、才能がないのに漫才を続けてるやつがいます。M－1はそんなやつらがやめるきっかけになると思います」

漫才に対する深い愛と、この大会の厳しさについて言及したすばらしい挨拶だった。

取材に来ていた記者にもM－1グランプリが今までになかったガチンコの大会だということが十分に伝わったと思う。

最後にぼくが大会の詳細について説明した。

優勝賞金1000万円、プロ・アマ関係なく、年齢・性別・国籍・所属事務所を問わずコンビ結成10年以内であれば誰でも参加自由。審査はその日の漫才の出来だけで決めるガチンコの大会であると説明した。それと、エントリーフィーは２０００円であり、吉本の芸人からも取ると付け加えた。

エントリーフィーについては、２０００円という金額が１０００万円という数字に現実味をもたらしたのではないかと思っている。アマチュアをはじめ多くの参加者にひょっとしたらという気を起こさせるのに効果があったと思う。それに、参加無料だと冷やかしで受ける者もいて、本気で参加している漫才師の邪魔になる場合もある。実際のところは、漫才プロジェクトはお金がないので、少しは助けになると思ったのだ。当然吉本所属の漫才師からも取る。

こうしてなんとか無事に記者発表が終わり、翌日、いっせいに新聞に記事が出た。

「1千万円かけて漫才トーナメント開催」

「漫才王に１０００万円　あの〝ケチ本〟がお笑い活性化のためにポン‼」

「21世紀はM《漫才》－１や　吉本がトーナメント　太っ腹賞金１０００万円！」

「紳助委員長『ブームに』」

このような見出しが躍った。紳助さんとともに吉本の林社長とオートバックス住野社長が並んでいるカラー写真が掲載された。予想以上にたくさんの新聞が大きな記事として扱ってくれた。一般紙にも大きく取り上げられた（巻末資料参照）。

記事が出るとその日からいっぺんに話題になり、電話での問い合わせがじゃんじゃんかかってきた。

ぼくは前に声をかけていたプロダクションに電話して改めて参加を呼びかけた。すると、プロダクションは渋っていても、漫才師が1000万円に惹かれてエントリーしてきた。やはり紳助さんの目論見通りだった。貧乏な若手漫才師にとって1000万円は夢の金額だった。世間的にも漫才のコンテストの賞金が1000万円というのは度肝を抜いたようだ。一気に話題になり、いろいろなところで取り上げられた。そういう意味では1000万円は安いものだった。

ぼくは元々人前に出て取材を受けたりするのは苦手で好きでなかったが、M－1グランプリだけは別だった。自分から進んで売り込みに行った。新聞、雑誌、ラジオ、テレビなどでM－1グランプリのことを言いまくった。こんなにおもしろい漫才の人気が出ないはずがないし、それを見せるM－1はおもしろいに決まっている、なんとか世に出したいという思いがあったからそれができたのだと思う。

記者発表後、吉本の漫才師の反応はふたつに分かれた。

単純に1000万円が取れると思ってエントリーする者と、そんなの嘘だと思って関心がないふりをする者のふたつだ。

どちらかというと今までに何かの賞を取っている漫才師の方が関心を示さなかった。吉本主催のコンテストなんか胡散臭いし権威もない、優勝したとてどうせ１０００万円は嘘でしたとかなんとか言ってギャグにするオチだと思っていたのだろう。

その典型が中川家だった。

続々とエントリーが増えていくのに、いつまで経っても中川家のエントリーがない。しびれを切らして、中川家のふたりを呼んで本社４階のミーティングルームで話をした。ふたりはなんの用ですかとでも言うようにめんどくさそうに現れた。

「Ｍ－１のことは知ってるか？」

「はあ、聞いてますけど」

「なんでエントリーせえへんの」

と聞くと、ふたりはあきませんか？　という顔でぼくを見た。

「なんでということは特にないですけど、参加せなあかんのですか」

ふたりとも現在置かれている状況には不満があるけど、いかんともしがたいものだとあきらめているような感じがした。

「もちろんや。これは漫才を復活するためのイベントや。きみらが出なかったら誰が出るねん。きみらは優勝候補やで」

そんな言葉にもふたりは無反応だった。ぼくの言葉など信じてないという感じだ。

病気のせいで仕事を干された経験から、会社に対して不信感を抱いているのかもしれない。あるいは、今さら踊ったってどうにもならないとあきらめているのかもしれない。そんなことはないぞと言ってやりたかった。

しばらく沈黙が続いた後、剛が言った。

「じゃあ受けるだけ受けますわ」

なんとも雰囲気が悪いまま話し合いは終わった。

海原《うなばら》やすよ・ともこともミーティングをした。彼女たちは海原小浜《こはま》さんの孫という上方漫才界のサラブレッドだ。海原小浜さんは、叔母のお浜さんとコンビを組んで海原お浜・小浜として一世を風靡した。息子さんも池乃めだかさんと海原かける・めぐるというコンビを組んでいた漫才師だった。

ぼくは前々から彼女たちの漫才が好きで高い評価をしていた。

ぼくは1999年、2000年に、ロサンゼルスのリトルトーキョーにある日米文化会館というホールで「LA花月」という公演をやった。桂三枝、間寛平、月亭八方、のりお・よしお、B&B、トミーズなどのメンバーに加えて、まだ若かったやすよ・ともこを相入れた。彼女たちは新人にもかかわらず日系1世、2世や日本企業の駐在員、留学生を相手にしっかり笑いを取っていた。おまけにアドリブでアメリカ女性のメーキャップを茶化してウケていた。実力は申し分ないのだ。

ところが、彼女たちもM－1に出ることに抵抗があるようだった。ふたりも漫才の新人賞をいくつか取っている有望株だったが、人気面ではいまひとつだった。

それには吉本の体制に理由があった。

例えばｂａｓｅよしもとでは芸人が4つのランクに分けられていて、昇格、降格はお客さんの投票によって決まった。得票が多ければ上のクラスに昇格できる。少ないと下のクラスに落とされる。すべてお客さん次第だ。

そうなると、人気が左右した。華のあるコンビ、ルックスの良い男性コンビが有利だ。投票するお客さんは95％が10代や20代前半の女の子だからである。なので不細工な男性コンビは非常に不利である。

それ以上に不利なのが女性コンビだ。人気投票になるとどうしても票が入らない。

吉本は意外にも世間一般で思われているよりも芸に対して厳しい。芸人にはまずおもしろさを求める。一定以上のランクに達して初めて売ってもらえる。ｂａｓｅよしもとで言うと最上位かその次のクラスにいないと売ってもらえないのだ。必然的に女性票が入りにくく、上のクラスに上がれない女性コンビは売ってもらえない。

やすよ・ともこの場合はそれに加えてＮＳＣの出身ではない。有名漫才師の孫であり、中田ボタンさんの預かり弟子だ。どうしてもほとんどがＮＳＣ出身者のｂａｓｅメンバーの中では浮いてくる。票が入りにくい。

ところが松竹芸能は芸に対してうるさいようでうるさくない。

姉のともこがそのことに不満を漏らした。

「わたしら松竹芸能のオセロと同じ頃にデビューしておんなじように新人賞レースに出てたんですけど、はっきり言うて、あの子ら漫才は全然ヘタやったのに、今は自分らの番組も持ってあんなに売れてますやん。わたしらほとんどの賞を取ってたのに全然売れてませんん。それが悔しいんです」

松竹芸能は漫才の出来など気にしていない。売れると思えば素人のような者でも売り出した。柔軟性があると言える。世間は吉本がそうだと思っているだろうが、実際は逆だ。

オセロのふたりは元々モデルコースにいたのを、色が白いのと黒いのを組ませたらおもろいだろうということで漫才師に仕立てたと聞いた。

漫才は下手だけど、アドリブができてルックスもいい。うまいこと時流に乗った。

やすよ・ともこの不満もよくわかったが、吉本はそういう伝統だ。ぼくはM－1に出てくれと頼むしかなかった。ガチンコの勝負やから、きみたちにもチャンスがあると説得した。

「考えときます」と言ってふたりは帰った。

ふたりにはなんとしても出てほしいと願ったが、結局やすともがM－1に出ることはなかった。Ｍ－１も人気投票に変わりないからどうせダメだと思っていたのだろう。もし出ていたら、当然決勝に残ったのではないかと思っている。

さらに、漫才もおもしろいし、当時人気も出始めていたＤｏｎＤｏｋｏＤｏｎもエントリーしていなかった。ぼくは東京に飛んで、彼らが出演している、若手お笑いタレントをたくさん集めてゲームをやらせる番組の現場に行った。広いスタジオで休憩中だったＤｏｎＤｏｋｏＤｏｎのところに行ってＭ－１に出てくれと頼み込んだ。山口くんは相方と折り合いが悪く、漫才はやりたくなさそうだったが、「谷さんがわざわざここまで来てくれはったのに出ないわけにはいきません」と言って引き受けてくれた。相方の平畠くんは喜んで出ますと言ってくれた。

このふたりの仲がうまくいってないのは吉本内ではほとんどの人間が知っていた。山口くんが自分ひとりでなんでもできるので相方を蔑ろにしているのが原因ではないかと言われていた。もっとも、今田耕司くんは、山口の力量がずば抜けているのはわかっているのだから、相方の平畠がもう少し引けばいいのに、同じように前に出ようとするからうまくいかないのではないかと言う。なるほどと思った。

仲の悪い漫才師はおもしろくないというのがぼくの持論だ。

ということはＤｏｎＤｏｋｏＤｏｎの漫才はおもしろくないということになる。実際、昔に比べて彼らの最近の漫才はおもしろくなかった。元々はコント形式の漫才で、山口くんがものまねや形態模写を入れ込んで連続でボケる、平畠くんは適度に突っ込んで、小刻みに笑いが起こる楽しい漫才だった。

漫才がうまいだけでなく人気コンビなので絶対に出てほしかった。実力は十分あるのだから、このM－1をきっかけにもう一度、前のようなあのおもしろい漫才を見たかった。

同じように華丸・大吉もエントリーしていなかったので、頼みにいくと彼らはあっさり「出ます」と言ってくれた。エントリーするきっかけがなかっただけなのかもしれないが、あまり関心がないように感じた。

このように、すでにそこそこ売れている漫才師は、こちらが思っているほど漫才の現状に対して危機感を感じていなかった。だからM－1に対しても興味を示さなかったのだ。

舞台でたまに漫才をやり、時々ローカルのテレビ番組に出られるし、力がついてくれば全国ネットのテレビにもたまに出してもらえる。

だから、海のものとも山のものともしれないM－1なるものに参加しても別にどうなるもんでもないし、わざわざ参加する利点がどこにあるかわからないという考えだったのか。全く売れてない漫才師は喜んで出てくれたが、そこそこ人気と収入がある（と思える）コンビはいっこうにエントリーしてくれなかったのでやきもきした。

しかし、ふたを開けてみると意外に応募者が集まり、最終的に１６０３組の応募があった。正直これほどあるとは思っていなかった。やはり１０００万円の力は大きい。最初はちょろちょろだったが、１０００万円が話題を呼ぶにつれ、次第に増えていった。

吉本の漫才師は、冗談ではなく本当に１０００万円を払う気があるみたいだとわかってエントリーをしたのかもしれない。他の事務所は、反対しても漫才師が賞金に惹かれて出ると言うのを止めることはできなかった。やはり紳助さんは慧眼だった。

お金がないので、スタッフは安いギャラでお願いできる人を探した。舞台監督、照明、音響ともにしっかりした人たちだ。準備万端だ。

第四章

漫才、漫才、漫才

予選始まる

9月9日、日曜日、いよいよM－1グランプリの予選が始まった。

まずは大阪で1回戦を始めた。大阪会場はなんばグランド花月に併設されているNGKスタジオだ。そこに舞台を平台《ひらだい》でつくり、天井のバトンから「M－1グランプリ2001」とタイトルを書いた看板をつり下げて、客席には、発泡スチロールの上に赤い毛氈をかぶせただけの長イスが置いてある。とても質素な会場だ。

予選を見るには500円の入場料が必要だった。ただし、出場者ひと組につき5人まで応援団を連れて来てもいいことにしてある。それぐらいしないとお客さんが集まらないのは見えていたからだ。

舞台監督は梅さんこと梅林さん、舞台袖には橋本がどっしりとかまえており、SMSの立田くんが出場者をグループ分けしてエントリー番号順に並べている。橋本と梅さん、立田くんが裏で司会のなおきと打合せをしている。なおきは元々尚希・祐士という漫才コンビを組んでいたが、解散して今はピンでやっている。

ぼくは軽く挨拶をして、エントリー受付を見に行った。

受付の垂水くんは、やってきた順に出場者にエントリー番号を渡し、2000円を徴収している。

そこにはたくさんの人が集まっていた。みんなM－1グランプリに出るために集まって来たのだ。うれしかった。しかし、吉本の売れている漫才師たちは受付でエントリーフィーの2000円を払うことに不服そうであった。中には垂水くんに食ってかかっているコンビもいた。吉本なら払わなくてもいいと思っていたのだ。


ぼくはスタジオの前室を見に行った。

壮観だった。

大勢の人間がひしめき合っていた。

そこには不安そうな顔、自信にあふれた顔、緊張を隠しきれない顔、あえて無表情を装っている顔、様々な顔があった。今日だけで100組以上のコンビがエントリーするのだ。思いもいろいろだろう。

スタジオに入ると、壁に向かって漫才をしている無数のカタマリが目に飛び込んできた。

ひと組やふた組ではない、何十組という漫才師が、いっせいに壁に向かって漫才をしているのだ。それは異様な光景だった。みんなが本番さながらの真剣さで漫才の稽古をやっていた。両隣で大きな声で漫才をしていても平気だった。みんな必死で真剣だった。

トイレに行くと、そこでも漫才をやっていた。個室の中から男がふたり出てきたときはびっくりした。なんと個室の中で漫才の稽古をしていたようだ。ここがM－1グランプリの会場でなかったら誤解するところだ。

ぼくは何か感動を覚えた。これだけの人たちが漫才に立ち向かっている。真剣だ。純粋に漫才をやろうとしていた。その姿は中途半端ではなかった。これだけの若者たちが必死で漫才に取り組んでいるのだ、漫才はまだまだ終わっていないと思える熱い光景だった。

ぼくは正直言って、漫才をなめていたのかもしれない。自分で企画しておきながら、ここまでとは想像していなかった。どうせ若手の漫才の大会だから、たいしたことはないだろうと思っていたのだ。

彼ら彼女らの真剣な姿を見て恥ずかしくなった。これだけたくさんの人間がこんなに一生懸命漫才をやっている。こちらも誠意を持って彼ら彼女らに応えないと失礼だと思った。

客席に戻ったが、まだお客さんはまばらだった。ぼくは後ろの空いた席に座って今日の出場者一覧表を見た。

出場者を7〜8組ずつのグループに分けて、グループごとに順番にネタをやる。グループとグループの間には司会のなおきが出てつなぎ、時々審査員が講評をする。その繰り返しだ。元芸人で作家の前田政二くんに聞いて、審査員席を演者の目に入らない後方にした。舞台の袖では、舞台監督の梅さんが出場者にキューを出し、緊張している人には声をかけてリラックスさせていた。梅さんはうめだ花月の舞台監督をしていた人で、橋本の仲良しだ。お笑いに関してもなかなか鋭い目を持っていて、うめだ花月に出ていた中堅芸人から信頼されていた。彼の芸人に対する批評眼は温かいが、ときにはとても辛辣だ。良いところ、悪いところをズバリ指摘する。

いよいよ始まった。

今日だけで100組以上のコンビがエントリーしている。審査員は放送作家の相羽秋夫さんと萩原芳樹さん、それと朝日放送社員の尾形さんの3人だ。

第1のグループが紹介されて、1番から順に出てきて漫才をやる。

客席には、プロにはファンの子が、アマチュアには出場者の応援団が声援を送った。

今日は笑い飯や千鳥、チュートリアル、ダイアン、サバンナ、ハリガネロックなどがエントリーしている。

彼らに交じってアマもいる。アマはなかなか笑いを取れない。

センターに出てきたものの途中でセリフを忘れて立ち往生するコンビ、出てくるなり黙ってしまうコンビ、途中までは快調だったのに、急に黙ってしまいそのまま引っ込んでしまうコンビ……。

会場まで来たものの怖くなって帰ったコンビもいた。中にはエントリーフィー2000円を払ったものの、怖じ気づいて帰ってしまったコンビもいたらしい。

もちろんアマの中にも堂々と爆笑を取るコンビもいた。

プロの場合はやはりアマとは違い、しっかり笑いを取っているコンビが大多数だった。さすがに立ち往生はなかったが、全く笑いを取れないコンビもいた。

M－1には、2回戦を突破できないプロをやめさせるという裏のコンセプトがあった。それが原因で漫才をやめてしまったコンビがいたかどうかはわからないが。

100組が全部終わってから、審査員の点数の集計を行う。1回戦は3分の1くらいを残した。結果をエントリー番号とともに会場で発表する。

審査員から名前を呼ばれると、客席で大声を出してガッツポーズをするコンビや、受かって当然という顔で小さく握手するコンビなど様々だった。

落ちたコンビは、ガックリと肩を落とす者、不満そうに審査員をにらむ者、静かに立ち去る者などこちらも様々だった。

結果を聞かずに出番が終わるやいなや帰ったコンビもいた。自信があるのか、ないのか、それはわからなかったが、多分どちらもいたのだと思う。発表の場にいたくなかったのだろう。どうせ落ちると思っていたのか、発表のときにもし落ちてたら恥ずかしいから逃げたのか、1回戦は絶対に受かると思っていたのか、そういうポーズを取りたかったのか、それとも1回戦の結果発表を不安げに待っている姿を見られたくなかったのか。

おもしろいのは、アマチュアの反応だ。漫才の出来からいうと受かって当然なのに、まさか受かるとは思ってなかったとでも言うようにすごく喜ぶコンビがいる。

逆に、ひとつも笑いを取ってないし、立ち往生もしたので落ちるのは当然なのに、自信満々で発表を待ち、名前を呼ばれないとなぜだというような顔をするコンビもいた。自分たちのネタで一部の客がクスッと笑ったことが大爆笑を取ったように思えたのだろうか？

とにかくアマチュアの反応は正直でおもしろかった。

それに比べるとプロの場合、落ちたコンビにはかける言葉もなかった。彼らは黙って去っていった。

とにもかくにも初めての予選は終わった。

まだまだ参加者数は少なかったが第1回の内容が濃かったので、これはいけるぞという手応えを感じた。

予選1回戦の1回目が終わって2日後の9月11日、世界を驚かす事件が起こった。ニューヨークのワールドトレードセンタービルにハイジャックされた2機の旅客機が突っ込んだのだ。同時多発テロと呼ばれるこの事件にはぶっ飛んだが、まさか後にあれほど大きな影響を及ぼす事件になるとは思わなかった。

実は、ぼくが東京時代からやっていた案件にも余波が及んだ。先述したLA花月という、ロサンゼルスのリトルトーキョーにある日米文化会館で、日系人や日本人留学生、日本企業の駐在員などを対象に日本のお笑いを観てもらおうというイベントだ。２００1年は3回目に当たり、9月23日に桂文珍さんや大木こだまひびきさんなどを連れて行くはずだった。

ニューヨークとロサンゼルスなら離れているから大丈夫だろうと思っていたが、現地はそれどころではなく、残念ながら中止になった。

しかし、考えてみたら、もし予定通り行われていたら、M－1の予選とかぶっていてていてんてこ舞いしていたはずだ。もっとも、「LA花月２００1」を計画したときにはM－1など影も形もなかったのだから仕方がない。

この事件の後、本格的に予選1回戦が始まった。

毎回１００組近い漫才を見続けた。ときには１５０組ほどの漫才を見た。朝から夜の8

時頃までやって、終わったときはふらふらになった。

　漫才を始めるとすぐにいいか悪いかわかるコンビもいたし、出てきた段階でダメだとわかるコンビもいたが、２０００円のエントリーフィーを取っている手前、途中でやめさせるわけにもいかず、最後までやってもらった。ゴングショーなら合格にしろ不合格にしろすぐにゴングを鳴らせるのだが、それはできなかった。

　予選の審査員は放送作家や演芸作家ふたりと朝日放送系列の地元局の社員の３人でやってもらった。大阪なら朝日放送、東京ならテレビ朝日、名古屋なら名古屋テレビという具合だ。審査員はこの３人だけで、もちろん吉本の人間は審査に加わらない。ただし、惜しくも合格枠には入らなかったが、ぼくが気になったコンビは吉本かそうでないかにかかわらず残してもらうよう頼んだ。これは後に「谷ワク」と呼ばれるようになった。２回戦３回戦も同様に頼んだので、通過者が増えがちであった。その件で立田くんにはよく叱られた。

　相羽秋夫さんは放送作家でお笑いの著作もあり、新聞にコラムを連載されてたのでＭ－１のことを書いてもらえると思い、予選１回目から審査員になってもらった。ただ、糖尿病だったので、組数が多くなると途中で休憩をとって、トイレに駆け込んでインシュリンの注射を打ちながらやってもらった。まさに命がけだ。

大阪での予選1回戦の3回目ぐらいだっただろうか。中川家が受付に来て、「おれたちからも2000円取るのか」と垂水くんにぼやいている。

「これが1000万円になって返ってくるかもわからんのやから安いもんやろ」

ぼくが後ろから声をかけるとびっくりしていた。

「まあ、きみらには無理かもしれんけどな」

「何言うてますの」

礼二が笑いながら、「なんちゅう会社や」と言って控室に戻っていった。

中川家は漫才になるとさすがにすばらしかった。

1回戦は制限時間が3分で、3分になるとブーブーと警告音が鳴り続ける。それでもやめないと3分15秒で照明が真っ赤になり爆発音とともに暗転する。強制終了だ。

中川家は3分の警告音が鳴っても「なんじゃこれ」と言って無視して漫才を続け、爆発音とともに照明が消えても、暗闇でまだしゃべっていた。ルールを全く気にしてなかった、というか、わかっていなかった。なめていたのかもわからない。中川家などの若手担当のマネージャーにしっかりルールを教えとけと叱った。

東京の予選は2001年春にオープンしたルミネtheよしもとで行った。まだオープンしたばかりでお客さんにも名前が定着していなかった。でもそのおかげで、安い料金で借りたいときに借りられたのでよかった。

ただ、客席数が多いのに観客が少ないので動員には苦労した。やはり東京では漫才の人気はこんなものかという思いを強くした。

支配人の比企啓之くんは、「まだあんまりイベントも入ってないんでどんどん使ってください」と言ってくれた。ただ、これも1年目だけで、ルミネの認知度が上がってお客さんが入り出すと、借りるのが難しくなった。

彼とは新入社員として入社してきたときからのつきあいで、なんば花月、そして間寛平さんの24時間テレビなどで深くつきあってきたので気心が知れていた。

大会が始まると、ぼくは参加者を集めるためにいろいろと手を回した。

話題づくりのために、有名人にコンビを組んで出場してもらえないかと頼みに行った。

前年に芸能界から引退を表明した上岡龍太郎さんとその相方であった元大阪府知事の横山ノックさんにもどうかと思い打診した。スキャンダルで知事を辞めたノックさんは出る気満々だったようだ。月亭八方さんに、毛布をかぶって出たらどうですかという皮肉の効いた案を言われてかなりその気になったらしいのだが、上岡さんの意思は固く、引退したからには表には出ないということだった。それに、本人もさることながら、奥さんが、引退したのだから二度と芸能界には戻ってほしくない、家にいてほしいと強く要望されたそうで、コンビ再結成してのM－1出場はならなかった。

新喜劇の人気者にも声をかけて、漫才をしてほしいと頼んだ。おかげで座長の石田靖と人気者の山田花子のコンビ「石田・花子」、島木譲二さんと池乃めだかさんのコンビ「くまさんねこさん」などが参加してくれた。

板尾創路《いつじ》と木村祐一が「イタキム」というコンビを組んで出てくれたのはうれしかった。どんな漫才をするのかすごく期待した。実際かなりおもしろかった。

紳助さんの相方だった松本竜助さんがまだ幼い息子さんとコンビを組んでエントリーしてきた。元相方とは立場的に差がついてしまった現実を見て少々複雑な気分だったが、あえてチャレンジしてくる精神がうれしかった。たいしたものだと思った。

大阪プロレスのプロレスラー、スペル・デルフィンやくいしんぼう仮面、えべっさんも出てきた。『カバチタレ！』の漫画家、東風《こち》孝広さんなども会場まで来て2000円払ったのに、びびってしまって予選を受けずに帰ったそうだ。

一般の人のエントリーも多かった。子どもからおじいちゃんまでまさに様々な人がエントリーしてきてくれた。最初に狙った漫才のカラオケ化だ。

結果として、素人でも笑いに自信を持ってる人がたくさんいることがわかった。その人たちには今まで出たくても参加できるものがなかったが、M－1がそのはけ口になったのだ。

もともと自信はあったが、ひょっとしてうまくいったら1000万円が手に入るかもしれない、そう思う素人さんにはうってつけだった。まさに1000万円の力だ。

事務局の電話にはいろいろな人から問い合わせがあった。犬とやりたいというおじいさんとか、ギターとやりたいという芸人もいた。それはふたり以上の人間がやることというルールに反するので断った。

スポンサーのオートバックスの社員も何組か応募してきた。オートバックス社内で出場するようにけしかけていたようだ。住野社長に「1000万円を取り戻す気ですね」と言うと笑っておられたが、出場した本人たちは本気で狙ってきていた。それになかなかうまかった。

吉本の新入社員もコンビを組んで応募してきた。そのふたりはそれぞれある大物漫才師のマネージャーをしていたのだが、こっそり応募してきたのだ。笑いに自信があるようだった。

朝日放送の社員とNHK社員のコンビもエントリーしてきた。

予選1回戦は、大阪、東京以外に札幌、仙台、名古屋、広島、高松、福岡の各地で予定していた。正直言って、大阪と東京以外での参加者と観客の動員は難しかった。吉本の事務所のある名古屋、札幌、福岡は地元の芸人を養成していることもありなんとかなるが、それ以外の都市では参加者がほとんどいなかった。吉本もその頃は仙台、広島、高松には事務所がなかったので、プロの漫才師がほとんどいなかった。一般の応募者も4～5組だった。

それで、東京や大阪所属の漫才師の一部にお願いしてそちらにまわってもらった。それでも7～8組くらいのもので予選には全然足りない。一般参加者を募ってなんとか十数組の出場者を確保した。

参加者がそれぐらいだから、お客さんはもっと少ない。それで、各会場へは客寄せのために漫才師やマジシャンを連れて行き、少しでも観客動員を増やそうと苦心した。

ところが、問題が起こった。オートバックスから浜松でやってほしいという要請が来たのだ。オートバックスとフランチャイズ契約していくつも店舗を展開している有力な会社が浜松にあるかららしい。

名古屋事務所所属の漫才師の中から5組くらいに浜松でエントリーしてくれるように頼み、一般からの応募者と合わせてなんとか10組近い数が集まった。

問題は会場だった。地方ではお客さんが集まりそうになかったので、借りるのは小さなところ、例えばスタジオだとか、キャパ１００人くらいの小屋がほとんどだ。

ところが浜松では小さな会館が全部埋まっていて、キャパ８１０人というとんでもない広さの会場しか取れなかった。そんなに広い会場を埋めるのは不可能だ。

9月16日日曜日10時、立田くんや舞台監督の梅さん、司会のベイブルース高山（現高山トモヒロ）、ゲストのB&B、作家で審査員の元木すみおさん、萩原芳樹さんと会場のホールに到着した。もうひとりの審査員は静岡朝日テレビの関谷さんだ。

お客さんが5人並んでいた。多分出場者の身内だろう。

10時半に開場して客席に入ってもらったが、その5人も他にお客さんがいないので不安そうにしている。大きな客席の後ろの方に5人が分かれて座っていた。いつでも帰れる態勢だ。どうしようかと思った。

近くに別の会館があり、そこでも何かの催しがあるようで、そちらにはたくさんの人が並んでいた。

駅前なので、人はたくさん通っていた。その中の暇そうな人を捕まえて「今から漫才のイベントをやりますのでぜひ観ていってください」とお願いし、ちょっとでも関心を示した人は強引に背中を押して入り口まで連れて行った。まるでキャッチセールスだ。

「B&Bも出ますので」と言って客席に入れても、数人のお客さんしか入ってないのを見ると急に怖じ気づいて帰ろうとする。それをなんとかなだめてイスに座らせる。そういう風にして何人かを引っ張り込んだ。入ったものの、みんな後方の入り口近くに座って隙があれば逃げてやろうとしている。こちらは扉を閉めて、前に立ち塞がり、絶対に逃がさないぞという目でお客さんの背中をにらみつけている。

そのとき携帯電話にオートバックスから連絡が入った。なんでも件の浜松支店から会場を視察に来るというのだ。これにはあわてた。数人のお客さんしか入ってない客席を見られたら大変だ。大会が全然盛り上がってないと報告されスポンサーをやめると言われるかもしれない。絶対に見せるわけにはいかない。

会場の方は垂水くんに任せて、ぼくは表に走った。会館から少し離れた場所で松田くんと左右に分かれてオートバックスの社員が到着するのを待ち構えた。

やがて社員らしきふたりの男の人がやってきた。ぼくはふたりを押しとどめて言った。

「会場はあちらの会館です。始まるまでまだだいぶ時間がありますので、どこかでお茶でも飲んで休んでてください」

そう言うと、ふたりがホッとしたような顔をした。しめたと思った。

「なんでしたら、こちらで全部やっときますんで、帰っていただいてもけっこうですよ。まだまだ始まりませんし、後で、写真を撮ってレポートを送りますよ」と言うと、ふたりはうれしそうに顔を見合わせ「じゃあ、そうしようか」「うん、それじゃあお願いします」と言って帰っていった。

この人たちは、どうせ漫才には興味ないだろうし、せっかくの日曜日に漫才を見てこいと言われてうんざりしているだろうと思ったら案の定だった。おかげで助かった。

報告をしないといけないので、隣の会館に並んでいる行列の写真を撮り、レポートに「このようにたくさんのお客さんに来ていただきました」と付記したメールを送った。

こうしてなんとかオートバックスの視察は乗り越えたが、客席の攻防もなかなかだった。なんせ、お客さんより出場者の方が多いのだ。自分の漫才が終わった組は客席にまわって他の組の漫才を見てもいいということにした。

その出場者も、名古屋事務所からの出張エントリー組はともかく、一般参加者は低調だった。

出場者の漫才が全部終わって審査の集計をする間、ゲストのB&Bが出て漫才をやった。そのときには全出場者が客席にまわってその漫才を観ていた。この日一番の盛り上がりだった。

B&Bの漫才は安心して観られた。アマチュア出場者も名古屋事務所の若手も、やっぱりプロは違うということが身にしみてわかったと思う。

これほどではなかったが、1年目、2年目の地方予選は概ね出場者もお客さんもどちらも少なくて、人を集めるのが大変だった。

さて、各予選1回戦の内容だが、合格者を列挙してみる（一部です）。

9月9日　大阪①（NGKスタジオ）――――審査員＝萩原、相羽秋夫・尾形（朝日放送）

9月16日　浜松（フォルテホール）――審査員＝元木、萩原・関谷（静岡朝日テレビ）
笑い飯、千鳥、天津、ダイアン、チュートリアル、ロザン、レギュラー、サバンナ、ルート33、ハリガネロック、足軽エンペラー（南海キャンディーズ山ちゃんの元のコンビ）、西中サーキット（同じくしずちゃんの元のコンビ）
9月22日　広島（よしもと紙谷町劇場）――審査員＝相羽、清水・小野（広島ホームテレビ）
つばさ・きよし、ブロードキャスト
9月24日　大阪②（NGKスタジオ）――審査員＝相羽、尾浦一哉・木下（朝日放送）
ツーナッカン
9月29日　仙台（イズミティ21小ホール）――審査員＝元木、前田政二・石川（東日本放送）
ブラックマヨネーズ、次長課長、キングコング
9月29日　大阪③（NGKスタジオ）――審査員＝相羽、尾浦・狩野（朝日放送）
まさし・ゆうじ
9月30日　高松（オリーブホール）――審査員＝大工富明、鶴川・西村（瀬戸内海放送）
イー☆リャン、なんで家いるかえびす（大阪プロレス）、ピース、梅小鉢、青空、中川家、ランディーズ、NON STYLE
10月6日　札幌（ペニーレーン24）――審査員＝元木、萩原・田淵（北海道テレビ）
和泉修・ベイブルース高山（現ケツカッチン）

タカアンドトシ、笑ハンティング、すずらん

10月7日　福岡（吉本ゴールデン劇場）――審査員＝萩原、大工・永吉（九州朝日放送）
華丸・大吉、バッドボーイズ、ドリアンズ

10月8日　名古屋（テレピアホール）――審査員＝元木、前田・神道（名古屋テレビ）
ますだおかだ、オレンジ、ボルサリーノ

10月13日　東京①（ルミネtheよしもと）――審査員＝元木、前田・板橋（テレビ朝日）
ダイノジ、カンニング、おぎやはぎ、COWCOW、DonDokoDon、三拍子、飛石連休、18KIN、号泣（島田秀平がいたコンビ）

10月13日　大阪④（NGKスタジオ）――審査員＝萩原、片山良文・木下（朝日放送）
太平かつみ・尾崎小百合（現かつみ♥さゆり）、ビッキーズ、オーケー、$10（現テンダラー）、麒麟、おくにと申します。（小籔千豊《こやぶかずとよ》と土肥ポン太のコンビ）

10月14日　大阪⑤――審査員＝相羽、尾浦・半田（朝日放送）
さゆみ・ひかり、オジンオズボーン、りあるキッズ、T・K・O（現TKO）、アメリカザリガニ、かほじろう（ぜんじろうと大森かほり）、フットボールアワー、安田大サーカス、シャンプーハット

10月20日　東京②（ルミネtheよしもと）――審査員＝元木、前田・平城（テレビ朝日）
ハイキングウォーキング、パンクブーブー、2丁拳銃、アンタッチャブル

10月22日　東京③（新宿シアターモリエール）――審査員＝元木、佐藤かんじ・板橋（テレビ朝日）
四次元ナイフ、キャベツ確認中、ライセンス、クワバタオハラ、トータルテンボス、ロバート、アップダウン、おはよう、Ｂコース、ラフコントロール、ノンスモーキン
10月27日　東京④（ルミネｔｈｅよしもと）――審査員＝元木、前田・板橋（テレビ朝日）
ニブンノゴ！、ナイツ
10月29日　東京⑤（新宿ビプランシアター）――審査員＝元木、佐藤・平城（テレビ朝日）
石田・花子、イタキム、森三中、チャイルドマシーン、犬の心、カリカ、サカイスト、インパルス、ペナルティ

これが1回戦の主な合格者である。今こうして見てみると、錚々たるメンバーが並んでいる。のちのち、テレビの人気者、売れっ子になったコンビはほとんどがこのとき出場していたということだ。そして順当に勝ち上がっている。

ここで注目は、ますだおかだが名古屋で受けていることである。聞くところによると、地元の大阪は吉本が強いので松竹芸能は不利だと判断したらしい。慎重というか、どこまで疑り深いんやと思った。

それから、南海キャンディーズの山ちゃんとしずちゃんがそれぞれ前の相方と初日に受

けているのもおもしろい。やっぱり縁があるのだ。

後半になるにつれエントリー者が増えてきた。特に大阪と東京ではべらぼうな数になり、ともに5回ずつ、1日に150組もの審査をすることになりうれしい悲鳴を上げた。同時に2か所でやらないと消化できない日もあった。特に9月29日は大阪と仙台である。その場合は谷チームと橋本チームの2班に分かれた。


漫才プロジェクトはお金がなかったので、旅費や宿泊費は極力抑えるようにした。旅費は安いチケットを探して最低限の人数で行くようにした。

地方のビジネスホテルは安かったのでなんとかなったが、問題は東京だ。東京のホテルは高い。どうしようかと悩んでいると、松本さんが現れて、ぼくの知ってるホテルEなら安くしてくれますと言ってくれた。

東京の予選が終わり、スタッフ一同7人が松本さんについてぞろぞろと飯田橋のホテルEまでやってきた。予想していたよりずっと立派なホテルだ。臆しているわれわれをよそに松本さんがフロントの人に「予約してた吉本興業の松本です。今日7人の予約を入れているのですが」と言うと、フロント係はぽかんとしている。怪訝そうに予約簿を調べているが、どうやら予約に入ってないようだった。

「予約は承ってませんが」

そう言われても松本さんはあわてることなく、

「そんなはずないやろ、○○さんはいるか」

と尋ねた。

「今日は来ておりません」

「来てない？　○○さんに言うといたんやけどなあ。じゃあ、△△さんはいる？」

「△△はこちらにはいません」

「じゃあ、ちょっと電話して」

「はあ」

フロント係は堂々と要求をしてくる松本さんに恐れをなしたのか、言う通りに△△さんに電話をした。われわれはどうなることかとハラハラしていた。ここに泊まれなければ今夜泊まるところがない。相手とようやくつながった。

「ああ、△△さんですか。吉本興業の松本と言います。○○さんに言うてたんやけど、今夜7人分の部屋を予約してたのに取れてないと言われたんですが、どうなってるの」

相手は何か言ってるようだが、松本さんは意に介さず話をどんどん進めていく。そもそも松本さんはこの人と面識はないようだった。それなのに旧知の人と話すように話を進めていく。

話が済んでフロント係に電話を返した。フロント係は電話の相手と二言三言話をすると、予約は入ってないがお部屋は空いておりますのでお取りいたしますと言ったのでびっくりした。松本さんはさらにそれに輪をかけるようなことを言い出したのであきれた。

「ありがとう。料金は５０００円にしてな」

「えっ、５０００円ですか。それはちょっと」

フロント係はとんでもないという顔をして否定した。

「じゃあ、もう一度△△さんに電話して」

松本さんはまたなんやかんやと電話で交渉して５０００円で話をつけた。そして、追い打ちをかけるように言った。

「税サ込みにしてな」

「えっ、それは」

フロント係はいったん断ったが、また電話しろと言われるのがわかっているのか、言う通りにした。

最後に松本さんが「請求書払いにしてな」と言ったときは、フロント係はあきらめきった顔で「承りました」と答えた。

後にこのホテルは、某政治家が愛人との逢瀬に利用して、その際に受け取った大量の２万円の領収書が週刊誌に暴かれて有名になった。

そんなわけでぼくたちは本来なら１泊２万円はする部屋に税サ込で５０００円で泊まれ

ることになった。しかも初めてなのに現金ではなく請求書払いだ。このホテルにはM－1のときはずっと泊まることになり、2年後には吉本興業の指定ホテルのようになり、そのうえ吉本の社員はみんな1泊5000円にしてもらった。

予選は始まったが、その間も参加者募集の告知をし続けていた。そのためにいろいろな媒体の取材を受けまくった。

前にも書いたが、ぼくは元来人前でしゃべるのは苦手で、そういうことは避けていたのだが、このときはそんなことも言ってられなかったし、気にもしなかった。

当時、吉本興業の大阪本社には新聞社の記者のための部屋をつくり、常時記者がたむろしていた。スポーツ紙の記者は吉本で記者発表の取材やインタビューをした後にその部屋で記事を書いて会社に送っていた。官公庁や政治家の番記者みたいなものである。彼らとは顔見知りでM－1の記事もよく書いてもらった。

異色だったのは、朝日、読売、日経の3紙の記者がなぜかM－1の記事を盛んに書いてくれたことだ。読売の佐藤さんは、新聞では最初にM－1を取り上げて記事にしてくれた人で、その後も熱心に取材をしてくれた。朝日の竹久さんは本来は演芸担当ではないのに取材をして記事にしてくれた。日経新聞の人は名前を忘れてしまったのだが、漫才を日経新聞が取り上げることなどそれまでなかったと思う。ビジネスとしてM－1を捉えて注目してくれたのかもしれない。

とにかくこの3紙がM－1のことを書いてくれたのは大きかった。スポーツ紙は毎日のようにお笑いネタを取り上げるが、朝日・読売の二大紙や日経新聞に取り上げられることはまれだった。この3紙に取り上げられたのは本当にうれしかった。スポーツ紙だけでは低かったであろうM－1の注目度が一挙に上がった。

新聞に加えてラジオ大阪の「上方漫才の道」にも出演してM－1のことをしゃべりまくった。

この番組は上方漫才を紹介する番組で、毎回ゲストを迎え漫才に対する思いを語ってもらうという番組だが、漫才師や作家でもないぼくのようなものが出るのは珍しかった。担当の都筑《つづき》敏子さんがサブでしっかり話を聴いてくれていたので心強かった。

都筑さんは漫才をはじめとして演芸にはとても造詣が深い人で、ぼくも長いつきあいをさせてもらっていた。

入社3年目にいくよ・くるよさんのマネージャーをしていたとき、ラジオ大阪主催の上方漫才大賞を取ろうと企てた。そのために同期5人でイベントをやって都筑さんにも見に来てもらった。このイベントには、ゲストに古舘伊知郎さんに出てもらった。当時、古舘さんはテレビ朝日の局アナで、プロレス中継での独特の実況が人気を呼んでいた。テレ朝のアナウンス部長に古舘さんの出演依頼書を書いて、特別に出演許可を得た。このイベントの成功のおかげもあって、いくくるさんは見事その年の上方漫才大賞を取った。古舘さんはその後独立して人気者になったが、ぼくはこのイベントでやった話が大ウケしたのがひとつのきっかけになったのではないかと思っている。それは、大学時代にラブホテルへ彼女と入るときに思わず実況中継をして彼女に逃げられてしまったというエピソードだ。このときの実況が爆笑だった。

このときお世話になった都筑さんがラジオ番組に呼んでくれて、M－1の宣伝をさせてくれたのだ。

とにかくその頃ぼくはM－1のことを宣伝・告知ができるなら何でもやった。それまでなら感じていたはずの恥ずかしさは微塵もなかった。

1回戦から2回戦に進んだのは317組で、全体の23%ほどだった。

最終的に総エントリー数は1603組だから19%ではないかと言われるかもしれないが、これには訳がある。

総エントリー数1603組と公表したが、実はここでこっそり告白するとこれは水増しした数字だ。本当は1350組程度だった。1350が1600になってもどうということはないと思うのだが、当時はなんとなく少ないと思ったのだ。それで、1600にしようとしたのだが、1600というと関ヶ原の戦い1600年を想起させ信憑性がなくなると思い1603組にしたというだけだ。これとて徳川家康が征夷大将軍になって徳川幕府が成立した年だから似たようなものだが、「嘘のさんぱち」という言葉があるから、あえて3を入れた。3という端数があるからリアルな数字に見えなくもない。

2回戦は大阪と東京で2回ずつ行った。ここからはアマチュア参加者は次々に振り落とされた。プロも相当数のものが落とされ始めた。笑い飯、千鳥も初年度は2回戦で落ちている。

笑い飯は翌年の第2回から第10回まで連続で決勝に出場し、10回目の挑戦でようやく優勝を果たした。

1年目のふたりの登場シーンは鮮烈に覚えている。NGKスタジオの下手から小走りで登場したのはいいが、センターマイクを通り越してそのまま蟹走りで下手にはけてしまった。あれっと思っていたら、すぐにセンターに戻ってきて漫才を始めた。

これには笑ってしまった。なんだかけったいなやつが出てきたと思った。どんな漫才だったかは覚えていないのだが、持っている雰囲気がなんとも言えずおかしいのだ。お客さんも彼らの醸し出す独特の雰囲気に何かを感じたようだった。2回戦で落ちはしたが、笑い飯は強烈な印象を残していった。

7人の審査員

11月に入り2回戦、3回戦と進める一方、ぼくたちは朝日放送とどのような番組にするかの打合せを始めた。

朝日放送は編成部主導で、山本晋也編成部長の下、企画開発の山村啓介さん、栗田正和さんのふたりと、制作からは唯一、業務課長の市川寿憲さんが加わっていた。3人とも昔から一緒に番組をやったことがあり、お笑いにも精通していて信頼できる人たちだ。この中でも市川くんが中心になって会議を進めた。

彼はとても几帳面で、会議のときはホワイトボードに教科書みたいにきれいな字を書いた。なんでもよく知っていて、グルメである一方、落語や歌舞伎に詳しく、歌舞伎俳優、落語家に知り合いも多い。几帳面すぎるのが玉に瑕だ。

10月の中旬、東京の芝公園にある朝日放送東京支社で最初の全体会議を行った。このときは予選の進行状況や今後の予定を報告し、その後で、決勝の審査員を誰にするかという話し合いになった。紳助さんは決定であるが、それ以外は皆目決まっていない。

ダウンタウンの松本くんを審査員に入れたいというのは誰もが思うことだった。問題はそれ以外の人だ。作家や朝日放送、制作会社からは人気タレントの名前が挙がってきた。ぼくは、漫才をしていた人か漫才作家、少なくとも漫才やお笑いに携わっていた漫才のわかっている人にしたいと希望したが、彼らの挙げてくるのは、人気者だが漫才を知らないだろうと思われるタレント系の人が多かった。

やはり、どうしてもバラエティ番組として視聴率の取れる人選をしたいという思いが強かったのだと思う。漫才を復活したいというぼくの思いとは相反するものだった。ぼくがそこにこだわり、そういうタレントを拒絶していろいろと要求するものだから、しまいに市川くんがキレた。

「そんなならうちは吉本がやるもんを中継するだけか」

ぼくは売り言葉に買い言葉で「おお、そうや」と言ってしまった。

そういうわけにもいかないのはわかっている。幸い山村さんが止めに入ってくれた。

「視聴率も取って、漫才も復興するようにがんばりましょう」

そういう意味のことを言われたと思う。

山村さんは学生時代に劇団そとばこまちの創設メンバーにも入っていて、芝居やお笑いに造詣が深い、穏やかな人柄の人だ。女性漫才モリマンのホルスタイン・モリ夫と電話をしていたらすごくうらやましがられたのには驚いたが。

とにかく定期的に会議をやるようになり、番組概要も決まっていったが、なかなか決まらなかったのが審査員だ。候補者はいろいろ挙がるのだが、ほとんどの人に断られた。理由は、「漫才のことはよく知らないので」というまっとうな理由から、「自分はそのようなセンスがないので」という訳のわからないものもあった。

観客やテレビの視聴者の前で点数を公表されるというM－1の審査方法を聞いて多くの人が怖じ気づいた。海のものとも山のものともしれない若手の漫才コンテストの審査員などして人気を下げている場合ではないというのが本当の理由だったのだろう。

考えてみれば、人前で自分の点数をさらされるのは結構大変なことだ。低い点数をつけたらそのコンビのファンから嫌われるだろうから、そんなリスクを伴う審査員はいやだという人が多いのは当然だ。他のコンテストのように、審査は別室で専門家に任せ、自分は適当に口当たりのいいコメントでお茶を濁しておいて、テレビ映りだけを気にしていればいいのであれば引き受け手もあったのだろうが。

前の会議で名前が挙がった人に市川くんや制作会社の人間に当たってもらって、結果を次の会議で聞くという繰り返しだったが、引き受けてくれる人はいっこうに現れなかった。

そんなとき、朝日放送のテレビ制作部長のYさんから呼び出された。なんだろうと思って朝日放送に行った。

テレビ制作部に行くとデスクに座ったYさんが「そこに座って」と言って編成部と制作部の間にあるソファに座らされた。向かいにYさんが座って、周りを4、5人に取り囲まれた。知ってる人も何人かいるがみんな黙っている。どうしたんだろう。

「それでさあ、その番組の方はどの辺まで進んでるの」

タイトルを知らないのだろうか。山村さんや市川くんから連絡は行ってないのだろうか、編成と制作は仲が悪いのかなと思いながら進捗状況を説明した。

「それでそれは誰が出演できるの？　さんまとかダウンタウンは出るの」

まるで初期に東京のキー局に売り込みに行ったときのような基本的なことを聞かれた。中身については何も知らないようだった。

「審査員はなるべくメジャーな人にやってもらえるように今いろいろ交渉している途中です。ただ、これは漫才のコンテストでバラエティ番組ではありません。メインは若手漫才師のガチのバトルです」

「今誰が決まってるんや」

「紳助さんと西川きよしさんは決まってますが……他はまだです。今当たっていますので」

「もう11月やで。いつになったら決まんねん」

そのふたりはどうでもいい、他のビッグネームは誰なんやという言い方だった。

「……」

悔しかったが返せなかった。

「こんな番組なんか、こっちはいつでもやめられるんやで」

Yさんはぼくをにらみつけるように言った。今さら放送をやめるというのか。それも自分の一存で決められるかのような言い方だった。まさかそんなことはないと思うが、万が一ということもある。

「今、いろいろと当たっていますので」

そう言ってぼくは頭を下げた。腹が立って仕方がなかったが、やめられたら元も子もない。それにしてもひどい言い方だった。出入り業者には何を言ってもいいという態度だった。

後日談になるが、このYさん、今は朝日放送を辞めて大学で教えているらしい。その大学の学生サイトのネット記事を見て驚いた。なんと、自分の一番の業績はM－1をつくったことだと学生に吹聴してるらしい。笑ってしまった。M－1創業者のひとりらしい。

「〝M－1を作ろう〟って思った時、初めはみんなに馬鹿にされたよ。あれを作ろうと思ったきっかけは色々あるけど、いざ作ろうと思ったら「お前はアホか」ってずっと言われてた。

〝あんなもん、なんで漫才のコンテストで優勝賞金1000万やらなあかんねん、わざわざ作らんでもええやないか〟って朝日放送の中で皆から会議やら何ならで馬鹿にされてた。ちゃうねん、ちゃんと意味はあるんだ。論理はあるんだって、この番組が今からの日本のテレビやお笑いを引っ張っていくんだって。という事を延々と説明して、説得して、動かないそいつらを引っ張って引っ張って何とか漕ぎつけたって感じやったよ」

（引用は原文ママ）


すごくいい話だけど、いったい誰を引っ張ったのだろう。(笑) これは誰の話だ。ジョークなのか。でも「あれはおれがやった」と言う人がたくさんいるのが成功したプロジェクトの証拠だそうなので良しとしよう。世の中にはたくましい人がいるもんだ。


話を2001年11月に戻そう。Yさんの言葉に腹を立てたものの、審査員が決まっていないことは確かだ。早急に探さないといけない。

ウッチャンナンチャン、笑福亭鶴瓶さん、ビートたけしさん、コント赤信号の渡辺さん、次々と名前が挙がったがみんなダメだった。スケジュールが合わなかったり、裏番組とかぶっていたり。

吉本興業所属の芸人はぼくがブッキングした。審査員に絶対になくてはならぬ人と言えばダウンタウンの松本人志くん以外にはいない。まずは絶対に松本くんに入ってもらおうと思った。紳助さんからも「松本は入れなあかんで」と強く言われていた。

ぼくがダウンタウンを初めて見たのは1982年の7月に行われた大阪の今宮戎《いまみやえびす》神社のマンザイ新人コンクールだ。その年の4月にできたNSCの生徒の中にとびきりおもしろいコンビがいると聞いていたので、どんなものか一度見てやろうと思って今宮戎神社に行った。ぼくはやすきよのマネージャーで飛び回っていたので、まだ一度もダウンタウンを見たことがなかったのだ。

そこで見たダウンタウンの漫才は今まで見たことのないものだった。吹っ飛ばされた。度肝を抜かれた。

その頃の（ということはダウンタウン以前の）若手の漫才師は、明るく元気に舞台に飛び出して、マイクの前に立つやいなや待ちきれないように早口でセリフをまくしたてたものだが、彼らは全く違った。

暗い感じのふたりがゆっくりと出てきた。松本くんがぼそぼそと何かを話す。決して流暢でなく、むしろたどたどしいくらいだ。それでいて、言ってることははっきり頭に入る。そこに浜田くんが高い声で切れ気味に突っ込む。その突っ込みを無視するかのごとく、松本くんはまたぼそぼそとしゃべる。それに浜田くんが突っ込む。その繰り返しだ。次第にふたりの世界に引き込まれていく。客は松本くんの手のひらの上でおもしろいように笑う。

「足の速い人のことをカモシカのような足と言いますけど、あれおかしいやろ」

「何がおかしいねん」

「じゃあここにカモシカの顔があって、体があって、足があって、ここ全部カモシカなんか。それも言うなら、『カモシカの足のような足』やろ」

これがNSCに入学してわずか3か月の漫才か。他のコンビとは別物だった。これは絶対に優勝だと思った。

終わって彼らに会いに行こうと探したが見あたらない。吉本の関係者が集まっているところにいないのだ。どこに行ったのだろうと探していると、会場から少し離れた柳の木の下にひっそりとふたりはいた。

急いで彼らのところに行って「きみら絶対優勝やわ」と言うと、浜田くんが、「まさか」とでも言うようにはにかんだ。松本くんは黙って笑っていた。

「きみらが優勝せえへんかったら、こんなコンクールおかしいで」

ぼくは、心の中では、彼らはきっと落とされるだろうと思って慰めるつもりでそう言ったのだった。こういう新しい漫才は受け入れられないだろうと思ったからだ。

やがて審査委員長の笑芸作家、香川登志緒《としお》さんが、優勝はダウンタウンですと告げた。

意外だった。

「紳助・竜介は紳助くんの力が突出しているけれども、このコンビはふたりともすばらしい、紳助くんがふたりいるようなものだ」と講評された。まさか香川先生がべた褒めするとは思わなかったので、わかる人はわかるのだと思い、自分のことのようにうれしかった。香川先生はやはりすばらしいと思った。


この松本くんを説得するために、ダウンタウンのマネージャーの木本くんにどこに行くのがよいかと聞くと、「松本紳助」を収録している成城の東京メディアシティがいいでしょうということだった。松本くんと紳助さんがふたりでやっているトーク番組だ。確かにふたりがそろう絶好の場所だ。

気合いを入れてTMCスタジオに行った。

早速、スタジオに入る前の松本くんを捕まえてM－1のことを話した。話題になっているので当然M－1のことは知っていた。

「M－1の審査員をしてほしいねん」

と言うと、松本くんは何かもごもごと言っているがはっきりと聞き取れない。

「M－1は漫才のコンテストやから、きみを外しては考えられへん。お願いやからやってほしい」

ぼくは必死に頼み込んだ。松本くんはいやとは言わないのだが、はっきりオッケーとも言ってくれない。説得していると紳助さんがやってきた。ぼくが松本くんに話しかけているのを見て、「わかってるで」と言うかのように笑った。そしてスタジオへ歩きながら松本くんの肩に手を回し、「松本、お前、M－1の審査員やらなあかんで。お前の役目や」と言った。

「いやあ、やらんとは言うてないですよ、やりますけどね」

松本くんがあっさりそう言った。引き受けてくれたのだ。やった！

松本くんが引き受けてくれれば、M－1の格がぐっと上がる。松本人志がひとりいるだけで審査員の存在感がだいぶ上がるだろう。彼なら、誰にどう思われようが気にせずに堂々と自分の点数をつけてくれるだろう。

松本くんが引き受けてくれたあたりから、偶然だろうが続々と審査員が決まっていった。ラサール石井さん、鴻上尚史《こうかみしょうじ》さん、春風亭小朝さん、青島幸男さんの4人を決めた。ラサール石井さんは他の新人賞の審査員をやっているのを見たことがあって、歯に衣着せずしっかりした批評をしておられたので選んだ。スケジュールもいけるそうだ。

それ以外の漫才師および漫才に関係する人はなかなか決まらなかった。それで一歩下がってお笑いに関係する人、お笑いのわかっていそうな人、笑いのセンスが良さそうな人をピックアップして、その中から出てもいいという人でスケジュールが合う人を選んだ。

鴻上尚史さんは第三舞台の脚本・演出家で、ぼくは昔から好きで舞台をよく観に行っていた。

春風亭小朝さんは、落語に強い市川くんが交渉して入れた。東京の人気落語家で実力は間違いない。市川くんの本命は立川談志さんだったらしいが、スケジュールが合わなかった。談志さんは2年目に実現した。

青島幸男さんはもちろんお笑いの人ではないが、放送作家になったのは漫才台本がNHKの台本コンテストで採用されたのがきっかけだという。「意地悪ばあさん」をはじめとしてコメディの主演もやったマルチタレントだ。

そして西川きよしさんは、ご存じ横山やすしさんと組んだやすし・きよしで日本一の漫才師と言われた人だ。

ぼくが吉本興業に入って最初にやったのがやすきよのサブマネージャーだった。漫才ブームの真っ盛りで、毎週大阪〜東京間を3往復していた。住所は飛行機の中と言われ、飛行機が離陸するやいなや眠りに落ち、ドスンという着陸の衝撃で目を覚ました。

月曜日はなんば花月で読売テレビの「やすきよの腕だめし運だめし」とSABホールで関西テレビ「パンチDEデート」の収録、火曜日の朝東京に行き、埼玉県の蕨や川口、戸田、朝霞などの市民会館で日本テレビの歌番組「歌まね振りまねスターに挑戦!!」を2本収録。銀座の日航ホテルに泊まり、翌朝7時50分の飛行機で大阪に戻り、朝日放送の歌番組「シャボン玉プレゼント」を5本収録し、午後の飛行機でまた東京に行き、後楽園ホールで日本テレビの「スター誕生！」を収録した。木曜日は朝大阪に帰り、やすしさんのワイドショー出演があり、18時の飛行機で東京に戻りＴＢＳ「料理天国」の収録を夜中までやり、金曜日の朝一で帰り、うめだ花月で毎日放送の「モーレツ!!しごき教室」の収録をした後、夕方は朝日放送の「プロポーズ大作戦」の収録。土曜日はうめだ花月で毎日放送「素人名人会」を収録、隔週の日曜日はテレビ東京の「ツッパリやすしの60分」を東京郊外のよみうりランドなどの遊園地で収録。

さらに、この他に「ＴＨＥ ＭＡＮＺＡＩ」などの特番がバンバン入ってくる。

このテレビ収録の間に年間１６０日の劇場出番があった。平日は2回、日曜祝日は３回、なんば花月、うめだ花月で15分の舞台を務める。15分といえど、ときには30分近く熱演する。トリのやすきよの出番が終わると、その後の吉本新喜劇を観ずに半分以上のお客さんが帰ってしまうこともあった。劇場出番がなければ東京に居残れる日もあるのだが、なかなかそうはいかなかった。

やすし・きよしの話になると、やすしさんの天才性ばかりが言われて、きよしさんの才能は見落とされがちである。だが、あのやすしさんを引っ張っていけたのはきよしさんだけだ。稽古嫌いのやすしさんの尻を叩いて稽古させ、漫才で力を出し切らせ才能を引き出したのは余人にはできないことである。

劇場出番やテレビ収録の前に、きよしさんが冗談を言ってやすしさんを笑わせ、目を覚まさせていたのをぼくはよく見ていた。それから、漫才のネタ合わせに入った。

過去に何人もの人がやすしさんの相方を務めたが、結局弾き飛ばされてしまい、ものにならなかった。「コンビ別れの名人」とまで言われたやすしさんの相方として、きよしさんがいたからこそ、やすし・きよしが日本一の漫才師になれたのは間違いない。

役割は違うかもわからないが、ちょうどダウンタウンの浜田くんみたいなものだ。ダウンタウンが初めて東京に行ったとき、「おれと浜田の関係いうのは、まず浜田が林の中にひとりで入っていって、ガーッて木を切り倒して平地にする。そこに俺が行って、家を建てるみたいなもんや」ということを松本くんが書いているのを読んだことがある。きよしさんも同じように、すぐに横道にそれようとするやすしさんを引っ張って、周りに立ち塞がるいろいろやっかいなものを取り除いて駆け抜けていったと言える。

それに、きよしさんには明るさと、どこにでも入っていける社交性とバイタリティがあった。

この5人に松本くんと紳助さんが加わるのだ。なかなかの顔ぶれではないか。こうして決勝の7人の審査員が決まった。

準決勝の壁

決勝の審査員は決まったが、予選の審査も大変だった。大阪、東京の予選では連日、百数十組の漫才を観ないといけないので、終了後はみんなくたくたになった。特に大阪はあまりに毎回しんどい審査が続くものだから、審査員をやめさせてくれと言ってくる人もいた。

確かに、おもしろい漫才であればいいのだが、1回戦は半分以上がほとんど笑うところがない漫才だ。それに若い男子ふたりの似たようなコンビが続く。

やるネタも同じようなのが多い。デートの話、学生時代の話、マンガ・アニメの話、この3つが定番で、出場者の半分以上はこの3つのうちのどれかのネタだった。

何組も何組も漫才を聴いていると、最後まで聴かなくても、おもしろい漫才か、そうでないかはすぐにわかる。その時点ですぐに鐘を鳴らせたらいいのだが、エントリーフィーを取っている手前それはできない。まれに最初はダメでも途中から急におもしろくなるコンビもいないわけではないので、3分間はネタが終わるまで見続けなければならない。

これはほんとに辛い。客席の後ろでビデオを回しながら見ているぼくは、途中でこっくりこっくりすることがあった。ぼくはそれでも目立たないが、審査員はそれができない。しっかり点数をつけないといけない。ときどき講評もしなくてはならない。寝たら大変だ。長い予選が終わった後でくたくたになった審査員やスタッフを慰労しなければならない。特に東京と大阪は毎回ものすごい数をこなさなくてはならなくなり、スタッフの疲労もひどかった。いきおい安い居酒屋に入って打ち上げをやる。

前に書いたように漫才プロジェクトはお金がないので、交通費や会場費などの費用はできるだけ抑えてケチケチでいった。けれどもまるっきり潤いがなかったわけではない。

吉本興業には予算という概念がない。何か新しい企画を始めるとか、この新人は有望なので売り出したいとか、おもしろいイベントをやろうとしても、会社から予算が出るわけではない。

なので、必要経費は、そのイベントなり企画内で賄わなければならない。赤字は許されない。儲けが出るのが確実ならいいが、そうでない場合、必要経費はどうするかというと、プロデューサーなりマネージャーが自分の持っている他の番組やイベントから引っ張ってくるのだ。それによって日の目を見た企画、イベント、タレントがたくさんあった。

吉本では、ひとつの企画なりイベントが成功した場合、それが発展してひとつの部署ができることもあるぐらいだ。そこが吉本のたくましさであり、強さだと言える。

Ｍ－１で言うと、予選経費、審査員のギャラ、交通費、音響、照明、舞台監督、美術、会場使用料、弁当、宿泊費、打合せ費などは漫才プロジェクトの他の何かで補わねばならない。例えば漫才大計画やテレビ大阪の「めっちゃ！漫才」で出た利益から引っ張ってきてM－1の方に使うのだ。

打ち上げに参加するのは、橋本、立田、梅林、松田、垂水がメインで、たまに松本裕嗣さん、作家の元木さんや佐藤さんが入ることもあった。

その日の出場者のことや漫才一般の話、今後の打合せがほとんどだったが、なぜか野球の話をよくした。ぼくと立田くんや梅さんは野球、特に高校野球が好きでなおかつ詳しくて、それぞれが自分の知っている野球知識をひけらかすのだ。あのプロ野球チームの○○という外野手は何年の優勝校の出身で……みたいな話を延々として笑い合った。

1年目、2年目は本当にお金がなかったので質素だったが、漫才のことを熱く語り、野球の話に熱中して酒を飲むのはほんとに楽しかった。

地方予選、特に札幌や福岡も楽しかった。参加者は少ないのだが、帰りにその土地の名産品を食べられるのがうれしかった。札幌だとラーメンやジンギスカン、仙台なら牛タン、福岡なら鶏の水炊きやもつ鍋など、土地土地のうまいものが食べられて幸せだった。

こうして1回戦、2回戦が終わったが、3回戦に入ると急に厳しくなる。司会は大阪NGKスタジオがなおき、東京ルミネが千原兄弟だった。

制限時間も、1、2回戦は3分だが、3回戦は5分になる。これは後に4分、3分と短くしたが、このときは5分だった。アマには5分間をもたすのはなかなか辛かったと思う。ここまで勝ち抜いてきたアマもバタバタと落ちていった。

3分（あるいは2分ならもっと）と5分の違いは、3分だと、つかみネタとあと1ネタあればいけるが、5分だとそれではもたない。ストーリー性のある少し長めのネタにするか、ふたつのネタを合わせるなど、構成をしっかりさせる必要がある。アマにはそこまでは無理だ。勢いとネタの斬新さで1、2回戦を勝ち抜いてきたアマも、5分の壁には跳ね返された。

3回戦を勝ち抜いたのは、以下の35組だ。

飛石連休、カリカ、おぎやはぎ、アップダウン、イザベルとベネ（父親がフランス人で母親が日本人のイザベルと、父親がセネガル人で母親がスロバキア人のベネのコンビ）、アンタッチャブル、ダイノジ、ＤｏｎＤｏｋｏＤｏｎ、ＣＯＷＣＯＷ、号泣、タカアンドトシ、ペナルティ、2丁拳銃、中川家、ニブンノゴ！、レギュラー、フットボールアワー、りあるキッズ、麒麟、石田・花子、青空、華丸・大吉、チュートリアル、ロザン、ランディーズ、キングコング、サバンナ、＄10（現テンダラー）、ますだおかだ、ビッキーズ、シャンプーハット、アメリカザリガニ、ブラックマヨネーズ、ハリガネロック、ルート33

実力のあるコンビが順当に上がってきたと言えるが、石田・花子が勝ち抜いてきたのには驚いた。

まだ出場者が少なかった予選1回戦の東京会場に、吉本新喜劇を担当していた片岡秀介くんが石田靖と山田花子のふたりを連れて現れたときは意外だった。この人気者が出てくれるのはM－1の宣伝のためにとても助かった。翌日のスポーツ新聞などに大きく書いてもらえるからだ。しかし片岡くんはぼくとは関係のないところでクールに仕事をこなしていて、ぼくに協力的だとは思えなかったので、まさかM－1に協力してくれるとは思ってなかった。彼は社外の人からは殺し屋のような目つきをしていると恐れられていた。その彼が連れてきた石田・花子が急造コンビながら準決勝まで残ったのは驚きだった。

この35組が決勝進出を争う準決勝が始まった。準決勝は、12月1日にルミネtheよしもと、12月2日になんばグランド花月で行った。2日間を通して審査し、決勝進出者10組を決める。

準決勝の審査員は、それまでの審査員に加えて、朝日放送出身の名プロデューサー澤田隆治さんに入っていただいた。なんと言っても日本のお笑い界を牽引してきた人で、漫才を見る目はいまだに衰えてはいないと思う。他には、作家の元木すみおさん、萩原芳樹さん、相羽秋夫さん、それに朝日放送の山村さんと栗田くんにも入ってもらった。もちろん吉本の社員であるぼくは入らない。2年目以降は朝日の社員も入らず、純粋に作家だけに選んでもらった。

司会は大平《たいへい》サブローさんにお願いした。ぼくは入社して4年目、5年目の2年間、サブロー・シローのマネージャーをしたが、とにかくふたりは漫才がうまく、ものまねも上手だった。ぼくは全曜日にテレビのレギュラー番組を取り、土日は営業をバンバン入れた。劇場も240日ほど出番があったので、「谷、ちょっと休ませてくれよ」と偉そうに言われたことがあった。せっかくがんばって仕事を取ったのになんという言い方だと腹が立って、言われた通り1週間すべての仕事をカットして休みにした。ふたりから「すまんかった」という謝りの言葉があったのでまた元に戻した。3人とも同年齢で血気盛んな頃だ。

準決勝は、それまでの1回戦から3回戦までとは全く違う様相を呈した。決勝に行くコンビは他を圧倒するかのようなすばらしい漫才をした。何が違うかと言われるとうまく説明できないが、とにかく他のコンビとは全然違うのだ。王者が堂々と漫才をやっている感じだった。まるでずんずんと突き進むふたりの前にいる者は自然と道を空けるという風に見えた。

最終的に決勝に残ったのは、中川家、ますだおかだ、キングコング、ハリガネロック、アメリカザリガニ、フットボールアワー、チュートリアル、おぎやはぎ、ＤｏｎＤｏｋｏＤｏｎ、麒麟の10組だった。

彼らを含め、３回の予選を勝ち抜いてきたコンビはそれぞれの思いを胸に準決勝に挑んでいた。

中川家は、準決勝になってからようやく本気になっていた。ルールもきっちり把握して、優勝を狙いにいくと決意したようだった。

もうひと組の優勝候補のますだおかだは、最初からはっきりと優勝を狙うと宣言していた。

出場資格に「事務所問わず」とあったのを見た彼らはマネージャーに「出ます」と連絡を入れ、「出られないなら松竹芸能を辞める」とまで言ったらしい。それぐらいの決意をして出場してきたのだ。

優勝候補の一角であったキングコングも、予想通り順当に上がってきた。

それに対して、ノーマークであったが、予選が進むにつれてめきめきと頭角を現してきたのがハリガネロックであり、アメリカザリガニだった。２組とも予選からドッカンドッカンとウケていた。

フットボールアワーとチュートリアルは思わず引き込まれてしまうようなネタづくりをしていた。ふた組ともぼくが密かに期待していたコンビだ。

おぎやはぎは異色のコンビで、ゆっくりとした穏やかな語り口は、大阪はもちろん東京漫才にもあまりいない彼ら独特のものだった。それがわれわれにはとても新鮮で、こういう漫才を決勝に残してみんなに見てもらうのもわれわれの仕事ではないかと思った。

ＤｏｎＤｏｋｏＤｏｎも事前予想では決勝進出するだろうと目されていた。だが、３回戦まではアップアップで、どうもしっくりいってない感じがした。正直に言うと山口くんにやる気がないように見えた。でも準決勝ではきっちり仕上げてきて、さすがだと思わせた。

まるっきりノーマークながらあれよあれよという間に準決勝まで勝ち上がってきたのが麒麟だ。川島くんの低音での「麒麟です」という冒頭の挨拶に始まって、いろいろな仕掛けをしてきた。

華丸・大吉はもうひとつノリが悪かった。出たくないと思っていたのを無理に頼んで出てもらったのがいけなかったのか。それでも力があるので準決勝まで勝ち抜いてきた。準決勝では思いっきりやってくれるだろうと思っていたが、どこか気を抜いたようなネタだった。決勝に行く気はないのだろうかと思ったくらいだ。

それにしても、ブラックマヨネーズが決勝に残れなかったのは不思議だった。３回戦までは完璧と言ってもいい出来で、これは絶対決勝に行くなあと思っていたのだが、準決勝で急に失速した。３回戦までは完璧で、準決勝で敗退するというブラマヨのパターンは、この後2004年まで続いた。ブラマヨはスタッフにもファンが多く、決勝に行けないのを残念がっていた。それが2005年に初めて決勝に出るや優勝してしまった。その理由がなんだったのかはわからない。何かに開眼して何かが吹っ切れたのだろう。

準決勝の壁にぶち当たるコンビは他にもいた。緊張するのか、ネタの選択を間違えたのか、丁寧にやろうとしすぎて逆に爆発できなかったのか。何度もチャレンジするのに、どうしても準決勝の壁を越えられないのだ。3回戦までとは別人のようだった。

逆に準決勝になると、それまで以上に力を発揮して、悠々と合格するコンビもいた。2002年からの笑い飯はその典型だろう。

なんばグランド花月で19時から行われた準決勝2日目が終わったのは22時をまわっていた。準決勝は5分の持ち時間なので、21組がやるにはそれぐらいかかるのだ。

この後、前日のルミネの結果と合わせて10組を決めた。前日にやっているので東京組不利のきらいはあったと思うが、それを差し引いても当時は大阪組の方がレベルが高かった。

選考は比較的スムーズに進んだ。最初に決めたように、その日の出来だけで決めた。受賞歴や人気や事務所は関係なく、純粋におもしろかったコンビを選んだ。今から見ても良いメンバーが選ばれていると思う。

その後が大変だった。合格者の発表だ。

誰が発表するのかなとつぶやいたら、周りがみんな「そら、谷さんでしょう」と言う。ぼくはなんとなく審査員の誰かが発表するものと思っていた。でも考えたら事務局の人間がするのが当然だ。選考委員6人と吉本大阪本社の4階から3階の楽屋ロビーに下りて驚いた。大勢の人間がひしめき合っていた。23時から3階のロビーで決勝進出者の発表をすると伝えておいたのだが、今日受けた21組42人がほとんど全員、らんらんとした目で待ち構えていたのだ。ぼくらが現れると話し声がピタリとやんで静かになり、みんながいっせいにぼくらを見た。ぼくは思わずひるんで、澤田隆治さんに代わってもらおうと思った。だが、澤田さんはそんなぼくをぐいぐい前に押し出してくる。あきらめて、やることにした。

みんながぼくをにらんでいた。刺すような視線が怖かった。

それだけ期するものがあるということだ。これだけみんなが期待を込めているということを知ってうれしかったが、ますます発表しにくくなった。せめて、ざわざわしていたらやりやすかったのに。

ぼくは覚悟を決めて名前を読み上げた。

「エントリー番号80番、チュートリアル」

そう言うといっせいにどよめいた。チュートリアルのふたりは「わおっ」と言って喜び合っている。

「続いてエントリー番号94番、ハリガネロック」

読み上げるたびにどよめいた。大きく歓声を上げるもの、ふたりで静かに喜び合うもの、反応は様々だった。エントリー番号順に読み上げるので、自分たちの番号が飛ばされたら落ちたことがわかる。そこでがっくりと肩を落とすコンビ、平静を装っているコンビもいる。まさに悲喜こもごもの様相だ。

「エントリー番号1118番、アメリカザリガニ」

「エントリー番号1181番、フットボールアワー」

10組の発表をした後はぐったりとした。漫才師たちの強い思いのこもった視線を浴び続けたからだろう。

合格した組も、落ちた組もみんな静かだった。落ちたものはうなだれて帰っていった。合格したものは落ちた者を気遣って静かに喜びを噛みしめていた。

やがて誰もいなくなった。

42人の刺すような視線から受けた痛みだけが残っていた。

発表の後は、東京組、先に帰ったものへの連絡が残っていた。東京に住んでいるおぎやはぎとDonDokoDon、それに仕事の関係で東京で受けた中川家に連絡した。勝ち残った場合の連絡先はあらかじめ聞いてある。

すべてが終わって、われわれは打ち上げに行ったのだろう、多分。でも、全く覚えていない。

それほどに重い夜だった。

決勝進出

12月2日に準決勝が終わり、決勝進出の10組が決まった。いよいよラストスパートに入った。

放送は12月25日（火曜日）18時半からに決まった。クリスマスだ。クリスマスのこんなにいい時間にM－1が生放送されるのだ。

漫才師たちにとっては勝負のクリスマスになった。漫才師だけではない、ぼくにとっても勝負をかけた一日になる。

準決勝の翌日の12月3日に記者発表を行った。決勝進出した大阪吉本の漫才師を連れて東京芝公園のメルパルクホールに向かった。4月に漫才プロジェクトを立ち上げてから9

か月目になる。長かった気もするが、あっという間だった気もする。

連れていったのはチュートリアル、ハリガネロック、キングコング、フットボールアワー、麒麟の5組だ。中川家とＤｏｎＤｏｋｏＤｏｎは仕事の関係で欠席だ。

羽田空港からモノレールで浜松町に向かう途中、お台場にあるフジテレビの球形の社屋が見えた。

「あれがフジテレビやで」

と言うと、初めて見るのか、みんないっせいに窓の外を見た。

「20年前の漫才ブームのきっかけになったＴＨＥ ＭＡＮＺＡＩを放送したのがフジテレビや。ＴＨＥ ＭＡＮＺＡＩの放送があった翌日、大平サブローさんが東京の街を歩いてたら何人もの人にサインを頼まれてびっくりしたそうや。他の人もみんなサイン責めにおうたそうやで。前日まで全く無名で顔がささなかったのに、ＴＨＥ ＭＡＮＺＡＩが放送されるやいなやそうなったらしい。漫才ブームはそこから始まったんやなあ」

「Ｍ－１が放送されたらぼくらもそうなりますかね」

チュートリアルの徳井くんが目を輝かせてそう言った。

「そうやで、そうなるで」

ぼくは期待も込めてそう言った。残りのメンバーもそうなった自分の姿を思い描いているようだった。

記者会見の会場となったメルパルクホールは朝日放送の東京支社のすぐ隣にあったので選ばれた。

会場には50人ほどの記者が詰めかけていた。楽屋に紳助さんがやってきた。

「いよいよここまで来たなあ」

紳助さんも感慨無量のようだった。

ほんとにそうだと思った。4月に読売テレビで隣の楽屋を覗かなければ、今日はなかったのだ。今頃は、漫才のイベントやテレビ番組を必死でつくっているけれども、いっこうに成果が上がらずイライラしていたかもしれない。いや、漫才ブームを起こすことなどすっかりあきらめていたかもしれない。


朝日放送の清水次郎アナウンサーの司会で記者発表が始まった。清水アナが予選の概要を説明した。配られた資料にもそのことは書いてあるのだが、肝腎の決勝進出者の名前は伏せられている。

大会委員長の紳助さんが舞台に現れた。紳助さんがエントリー番号順に進出者の名前を読み上げた。

「エントリー番号80番、チュートリアル」

名前が読み上げられるとチュートリアルのふたりが登場してきた。

「エントリー番号94番、ハリガネロック」

「エントリー番号２０９番、キングコング」

名前が次々と読み上げられるが、ほとんどのコンビを記者は知らないだろう。

「エントリー番号４３８番、中川家。すいません、中川家は仕事の都合で欠席です」

「エントリー番号７１３番、ますだおかだ。松竹芸能から特別参加のますだおかだです」

ちょっと笑いが起こった。

「エントリー番号８５５番、おぎやはぎ」

このふたりは場違いなところに紛れ込んだかのようにおどおどしている。

「エントリー番号８５９番、ＤｏｎＤｏｋｏＤｏｎ。彼らも仕事のために欠席しております」

「エントリー番号１０３４番、麒麟」

ダークホースのふたりもかなり緊張している。

「エントリー番号１１１８番、アメリカザリガニ」

こちらは柳原が高音の声を上げながら陽気に登場してきた。

「エントリー番号１１８１番、フットボールアワー」

どのコンビも緊張を隠しきれてない。青ざめているようにも見える。

「みんな緊張していますね。特にますだおかだとアメリカザリガニは松竹芸能ですからね、いわばパ・リーグがセ・リーグに交じっているようなものですから相当緊張してると思いますよ」

紳助さんがそう言って笑いを取った。それによって緊張していたみんなの顔が少しほころんだ。清水アナがひと組ずつM－1にかける意気込みを聞いた。

チュートリアルの徳井は「クリスマスにHしているカップルを止めるような漫才をしたいと思います」と答えて記者たちの意表を突いた。漫才のイベントだ、普通の会見のようなありきたりのコメントはできない。

ハリガネロックの松口は「ベンツの予約を入れてきました。それと投資信託の借金を返済したい」と言って優勝宣言をした。

続いてますだおかだの増田が「パ・リーグのますだおかだです。優勝したらFA（フリーエージェント）宣言します。契約金1000万円をぼくたちから次の事務所に渡します」と松竹芸能を辞めるかのような発言で笑いを取った。でも、そんなことを思ってないのは明らかだった。

おぎやはぎの矢作は「ひと組だけ東京弁の漫才なので肩身は狭いですけどがんばります」とやや緊張気味に話した。

麒麟の川島は「この中で一番無名なので思いっきり暴れたいです」とまじめに抱負を語

った。相方の田村も後ろで相当緊張した顔をしてうなずいている。

続いてアメリカザリガニの柳原が「松竹芸能のイメージを変えます。そう声を大にして言いたい」と紳助さんのコメントをますだおかだとは違う形で正面から切り返した。

考えてみたら、松竹芸能からふた組の決勝進出者が出たわけで、あのとき、ビアホールのミュンヘンで「どうせ吉本が優勝するんでしょう」と言った松竹の社員はどう思っているだろう。ふた組が決勝に進出して、しかも、こんなに高らかに松竹芸能をアピールしているのだ。

最後にフットボールアワーの後藤が「賞金で相方の顔を整形したいです」と答えた。普通なら爆笑を取ったかもしれないコメントだが、みんながいろいろ言って笑いを取った後なのであまりウケなかった。


その後、記者から出場者に質問が飛んだ。出場者たちはその質問に真摯に答え、かつ、笑いも取っている。大丈夫だ、さすがだ。記者たちにも決勝進出した漫才師のレベルの高さがよくわかっただろう。そしてM－1に期待できると思ってもらえたに違いない。そう思うとうれしかった。よくやってくれたと思った。もう誰が優勝してもかまわない。

ぼくが喜んでいると、例のYテレビ制作部長がすり寄ってきた。

「谷くん、うまくいったね。あのさあ、みんなを激励するという意味で食事に招待したいんよ」

「食事ですか、いいですね」

この前とはうって変わって上機嫌だった。審査員も決まり、決勝出場者も決まり、今日の記者発表も上々の出来だった。それで機嫌よくなったのか。メシを奢ってくれるというなら奢ってもらおう。漫才師も喜ぶだろう。

みんなにメシに行こうと声をかけると、ワオーと喜んだ。緊張した記者発表が終わってほっとしたら、腹が減ったと見える。メルパルクホールのレストランに行った。

この後は毎年、決勝前の記者発表が終わるとぼくは吉本の出場者を食事に連れていくようになるのだが、この時間が一番楽しい。決勝に進出できた喜びにあふれ、かと言って、まだ優勝を争う緊迫感はなく、みんなが希望にあふれている時間だからだ。

Yさんとメニューを見て悩んだけれども、時間もないし、あまり高いものを選ぶのもなんだと思ったのでぼくはカレーライスにした。

ところが、どやどやと近くのテーブルに座った芸人たちは「牛もも肉の……」とか「チキンの……」というような高そうなメニューを選んでいるので笑ってしまった。中にはここぞとばかりステーキを頼んでいるやつまでいる。それぞれが注文するものを聞いているとおもしろかった。ふだん食べられないもの、食べたいものをそのまま頼む者がいるかと思えば、それを見てそっと自分の好きなものを頼む者もいる。まさに様々だった。遠慮して安いものを頼む者もいたが、芸人たちのたくましさに感心した。

ぼくは芸人たちの方を見て、「おいおい」とたしなめようとしたが、Yさんがまあまあと言うのでやめた。

食べていると、後ろの方から牛肉の何たらを頼んだチュートリアル徳井の声が聞こえてきた。

「おいおいおい、このにんじんのおいしそうな色を見てみな。なんとも言えん色をしてるで。おっ、うまい！　やっぱりにんじんも全然違う味をしてるわ」

ぼくたちに気を遣ってゴマをすっているのか、それともみんなを笑わそうとしているのか、外見に似ず意外にひょうきんなやつだと思った。さすがは芸人だ。

記者発表も滞りなく終わって、後は決勝本番を待つばかりになった。

第五章

頂点へ

高まる緊張

2001年12月25日、M－1グランプリ2001の決勝の日がやってきた。

われわれ吉本のスタッフは芸人やマネージャーとは別に当日朝の新幹線で東京に向かった。

朝起きて朝刊を見て驚いた。朝日新聞のテレビ番組欄のM－1のところが黄色く色づけされていた。これは広告を出してくれた番組を色づけすることになっていたようだ。なんと朝日放送は番組欄の横に大きなM－1の広告を出してくれていたのだ。いやが上にも目立つ広告に驚いた。高かったに違いない。朝日放送がここまで力を入れてくれているのだと思うと、がんばらねばならないと気を引き締めた。

11時前に成城のTMCレモンスタジオに着いた。

本番は18時半からだが、出場者は12時入りだ。なぜこんなに早い入り時間にしているかというと、番組のオープニングで全員黒タキシードを着て入場をしてもらうため、その衣装合わせをして、合わない場合は直しをしないといけないからだ。

入場の衣装にまで凝っているのは、M－1を他の新人コンテストとは違うものにしようというテレビスタッフの意欲の表れだろう。

番組を盛り上げるのは出場する漫才師の漫才の出来にかかっている。われわれができるのは、いかにその漫才を良く見せるかだ。漫才が料理だとしたら、われわれはその料理がよりおいしく見えるように、料理を盛る器とか店の内装とかを工夫することだ。

スタジオでは舞台セットをつくっていた。電飾がいっぱいついている。漫才番組のセットとしてはとても豪華だ。器に凝っているのだ。いいと思った。

気をつけなくてはいけないのは、セットが派手になりすぎて、漫才師が目立たなくなってしまうこと。それと、漫才師が漫才をやりにくいようなセットだ。今回のセットは多少そのきらいはあったが許容範囲だろう。それに、テレビではこのセットが全面に映ることはほとんどないので問題ない。漫才師をバストショットで抜いたときに後ろで電飾がギラギラ光っていたらアウトだが、そうはなっていない。

漫才はお客さんのいないところではやれないので、約400の客席をつくってある。

そのお客さんも東京の人だけでは不公平になるので、大阪在住の観覧希望者の中から抽選で200人選び、大阪からバス4台で運んだ。この深夜バスは、2年目から導入した敗者復活戦でも大いに活用した。大阪からの敗者復活戦出場漫才師と観覧希望者を乗せて走らせたのだ。

ぼくはM－1の決勝を東京でやるに当たって、大阪の人たちをほっておくのがいやだった。漫才の本場と言われ、笑いをとてもよく知っていて、日本一ノリのいい大阪の人にぜひ参加してもらいたかった。大阪を捨てたと言われたくなかった。

だから、7人の審査員以外に大阪、札幌、福岡に100人ずつの一般審査員を置いて、大型モニターに映る漫才を見て審査をしてもらう。その点数を審査員の点数に加算する。東京の1か所だけでなく、大阪はもちろんのこと、全国の人にも審査員として漫才を見てもらいたかったのだ。

さて、準決勝までの忙しさに比べて、決勝になるとわれわれスタッフは意外に暇だ。ほとんどのことはテレビ局と制作会社がやってしまうからだ。イベント中心で動いていて、テレビのことにはノータッチだった橋本や立田、垂水は暇だったらしく、階段で出場者が漫才の稽古をしているのを見たり、喫茶店に入って有名タレントが入ってくるのを見てドキドキしていたらしい。結局、ぼくはスタジオに入ったので、番組が終わるまで彼らと会うことは一度もなかった。

暇なのはぼくもたいして変わらず、一応番組の方でもプロデューサーとなっているのでスタッフ控え室やスタジオに行ったり、楽屋に顔を出したり、うろうろしていた。

出場者は13時からステージで打合せと簡単なカメリハ（カメラリハーサル）をして、その後衣装合わせをする。

出場者がにぎやかに楽屋入りしてくると、そこには黄色い表紙の台本が置かれていた。みんなのテンションが一挙に上がった。みんなあわててページをめくり、食い入るように読み出した。

表紙をめくると、まずネット局一覧が載っていて、ABC・テレビ朝日系24局ネットで放送されることがわかる。次をめくると〈司会〉島田紳助、赤坂泰彦、菊川怜。その次は〈審査員〉のページ、〈地方会場〉の中継スタッフのページが続く。それをめくると、自分たち〈出場者〉が載っているページだ。そこにはエントリー番号順に自分たちのコンビ名が大きく書かれている。

興奮は最高潮に達する。今からゴールデンタイムの全国ネットの番組に自分たちが出るのだ。アメリカザリガニの柳原が「この台本、一生持っとこ」とうれしそうに言った。楽屋の温度が一挙に上がったようだ。

少しずつ、少しずつ本番に向かってみんなのテンションが上がっていく。それと同時に緊張感が高まってきた。最初にエントリーしたときはまさかこんな状況になるとは夢にも思わなかっただろう。こんなに厳しい戦いが待っているとは予想していなかったはずだ。何組かは、1000万円という金額に引っ張られて、軽い気持ちで乗っかったのだと思う。それがあれよあれよという間に勝ち抜いてここまで来た。その間、とても苦しい思いもしただろう。こうなったら、やるしかない。やってやる。今はそう思っているに違いない。

楽屋を出て、橋本たちと誰が勝つか予想した。中川家、キングコング、ますだおかだの声が多かった。ぼくの推しは、穴狙いでフットボールアワーとチュートリアルにした。演者に比べてわれわれは気楽なものだ。

そのうち楽屋の方が騒がしいので行ってみると、中川家の剛がいないという。トイレかどこかに行ってるのだろうと思っていたがいつまで経っても帰ってこないのだ。あわてて探したが、どこにもいない。礼二に聞いてもわからないと言う。連絡も取れない。大騒ぎをして探したがわからない。30分ほどして、家に帰っていることがわかった。本番まで時間がありすぎて緊張感に耐えきれなかったので、スタジオの近くにあった家にいったん帰ったらしい。こういうところは繊細なのか豪胆なのかわからない。

15時頃に楽屋に行くと、さっきまでと違ってシーンとしていた。みんな黒タキシードを着て、ソファに座り目を瞑っている。あるいはたばこを吸っている。しゃべっている者はひとりもいない。とても声をかけられる雰囲気ではなかった。

本来ならそれぞれに個室を用意するべきなのだろうが、個室が少ないのもあるが、あくまで10組の若手漫才師という扱いなので大部屋に全員一緒に入ってもらう。グランプリを取るまでは無名の新人だから、個室などないということだ。それにみんながそろっている方が映像が撮りやすいという番組制作上の都合もある。本番中も何度もカメラが入ってきて、芸人たちの表情や言動を撮った。

アメリカザリガニの平井は風邪を引いて38度の高熱が出たらしい。顔に血の気がなく、ぐったりしている。ユンケルを飲んでいる。相方の柳原はネタ合わせができないのでひとりでネタを繰っている。イメージトレーニングならぬ、イメージ漫才だ。

16時半頃に打合せを終えた紳助さんが楽屋にやってきた。みんながいっせいにどよめき、立ち上がった。

「向こうで点数を金で売ってるで、1点2万円で」

紳助さんの意表を突いたジョークにみんなの顔が生気を取り戻した。「高いなあ」と言うやつもいる。一気に和んだ。

しかし、さすがの紳助さんも、みんなのあまりに緊張した雰囲気に戸惑っていた。そこへダウンタウンの松本くんが入ってきた。楽屋に声にならない歓声が上がったような気がした。

漫才ブーム以降にこの世界に入ってきた彼らにとって、松本人志という人間は自分たちの原点なのだ。彼にあこがれて漫才師になった者もいた。松本くんに会うのは初めてなのだろう、ファンのような目で彼を見ている者もいる。

「きついやろ」と紳助さんが言うと「きっついですね」と松本くんもうなずいた。楽屋の雰囲気のことを言っているのか、ふたりだけにしかわからない会話だった。ふたりには彼らの緊張感が痛いほど伝わったのだろう。

ふたりが早々に出て行くと再び静かになった。

カメラが中川家の剛を撮っているので見ると、こきざみに震えていた。そしてその震えが止まらない。やはり繊細な男なのだ。

この震えを止めるにはネタ合わせをするしかない。そう思ったのかどうか、ふたりは今日何度目かわからないぐらいやったネタ合わせをまた始めた。兄貴に言われると、弟の礼二は黙って従う。舞台では礼二の方が偉そうにしているように見えるが、実生活では違った。完全に兄の剛が主導権を握っている。

これは大先輩の中田ダイマル・ラケット師匠も、夢路いとし・喜味こいし師匠も一緒だった。兄の方が絶対に偉くて弟は兄に従っていた。中川家も同じなのがおもしろい。

本番1時間前、17時半になった。ますだおかだがネタ合わせに楽屋を出て行った。キングコングの梶原が現在の心境を聞かれて「全国ネットの重圧でネタを忘れそうで恐怖を感じます」と答えている。何も考えてないように見える、常に元気なあの梶原でさえそうなのだ。他は推して知るべしか。

このとき台本を見ていた誰かが「あああー」と大きな声を上げた。どうしたんや？

「この台本の表紙」

言われて改めて表紙を見た。あっ！　それは黄色地の紙に緑色で「オートバックスＭ－1グランプリ２００１」と書かれてあった。これはオートバックスのライバル会社の企業カラーだ。オートバックス社ならオレンジ色に黒字でないといけない。もうすぐオートバックスの人がやってくる。ぼくは「オートバックス住野様」と書いてある台本を取って、あわてて表紙を破った。オートバックス社にはみっともないけど表紙のない台本を渡すしかない。住野社長には１０００万円の授与式のプレゼンターをしていただく。来られる前に見つけてよかった。

しばらくして住野社長率いるオートバックスの方が到着された。危なかった。

プロデューサーの市川くんと審査員に挨拶に行った。紳助さんや松本くん、西川きよしさんの吉本勢とラサール石井さんはよく知っているのでいいのだが、他の3人は初めてなので気を遣った。特に青島幸男さんは子どもの頃からテレビで見ていた人だ。少しうれしかった。

審査員には挨拶とともに審査の基準について話をした。

「今日の出演順は抽選になります。抽選で引いた順番で出場します。審査はトップバッターが基準になります。2番手以降はトップバッターよりも上か下かという基準で点数をつけてください。なので、トップバッターには極端に高い点数や低い点数をつけないように注意してください。後で困りますので」

そう言うと、みんな納得してくれた。

この出演順というのは非常に重要なポイントになる。特にコンテストの場合、トップ出番はとても不利だ。

トップ出番はお客さんがまだ温まっていない。何組かがやるにつれ場が温まり、次第に笑うようになってくる。花月などの劇場では最初は若手が出て客席を温め、その後は順番に中堅から売れっ子、ベテランが出てきてどんどん笑いが大きくなり客席が沸いてくるように出番を組む。

ところがM－1などのコンテストの場合は、前にそういう漫才師を出すわけではない。どうしても1組目、2組目がその役回りになる。

しかもトップは基準となるので、いくら良い漫才をしても高い点数をつけてもらいにくい。

それに、変則型の漫才、奇抜なネタの漫才はトップだと非常に不利だ。こういうネタはオーソドックスな漫才が続いて、お客さんが少し飽き出した頃にやるとすごくウケて高得点を出すことが多い。ということは7番〜9番、少なくとも後半の方が有利ということになる。2002年以降のM－1決勝で、千鳥とPOISON GIRL BAND（ポイズンガールバンド）という変則型の漫才師がそれぞれ2回トップを引いて、2回とも最下位に終わっている。すなわち4戦オール最下位というひどい結果だ。彼らは変則の上、持ちネタの中でも一番とがったネタをやってまったく笑いが起きず、玉砕した。ぼくは舞台袖で「なんでそのネタをやるんや!?」と歯がゆい思いをした。彼らが7番〜9番、少なくとも3番以降の出番であれば結果は大きく変わっていたと思う。

18時30分、生放送がスタートした。

ぼくはスタジオの中でモニターの画面を見ていた。

東京メディアシティの表玄関前に司会の島田紳助、赤坂泰彦、菊川怜の3人が並んだ。

赤坂がしゃべり出す。

「漫才頂上決戦オートバックスM－1グランプリ、今からいよいよ始まります」

「そうなんですよね。外は寒いですが中はすごいですよ、1603組のベスト10が集まってるわけですから、おはようございます以外は何もしゃべりませんね」

紳助さんが幾分緊張気味に返す。３人は実況しながら建物内へ入っていく。

ロビーには1万円札が１０００枚並べられたパネルがガードマンに守られて立てられていた。そのパネルを見て紳助さんが「本物ですか。この１０００万円は名のない若手にとってすっごい金額ですよ。明日からやめてもいい金額ですよ」

紳助さんが興奮気味に言いながらスタジオに入った。

「さあそれでは、決勝に勝ち残った10組の入場です」

紳助さんがそう切り出すと客席横の通路からエントリー番号順にタキシード姿の10組が思い思いの表情で入場してきた。ハリガネロックの松口は両手を大きく挙げている。

ステージに上がる際にはケースに入れられた白いボールをひとつずつ取っていく。

「大会委員長の島田紳助です。１６０３組を勝ち抜いた10組がやってきました。観てる方にとっては娯楽ですが、われわれにとっては戦いですからね。私も鳥肌が立ってきました」

「そしてこの中からたったひと組のグランプリが決まります。準優勝とかはないんですね」

「今夜の1番の人にだけ現金１０００万円が贈られます」

紳助さんがそう言った後、ロビーの１０００万円の大型パネルが会場に映し出され、客席がどよめいた。

「テレビ局の廊下にあんな下品なことやっていいんでしょうか」

「それではボールを開けてみてください」

「わあーどうしよう」と菊川が声を出す。

「トップの1番を引いたのは中川家ですか！」

「それでは順番に並んでもらいましょう」

「今日唯一、実力以外に運が左右するとしたらこの順番です」

「1番の顔じゃないですね。お笑いタレントがテレビで一番してはいけない顔をしています」

中川家を見て紳助さんがそう言うが、緊張をあおっているのは紳助さんだった。紳助さんもそれだけ緊張していたとも言えるが、それによって出演者も審査員も客席すらも緊張した。

その後で審査員紹介が行われた。全員が黒っぽい衣装を着て神妙な顔で一礼をした。紳助さんが、6番目に紹介された松本くんに「どうですか」と振ると、

「なんなんですかね、どのテンションでいきましょうか」

と松本くんも審査員をやることの戸惑いを述べる。

で、その後に、おもむろに手元から審査員用の小さなメモ帳を取り出して「1000万に金かけたのはいいですけど、メモ帳ってね」と笑いを取る。こういう意表を突いた小ネ

タを出すところがさすがである。

「吉本のやってる番組ですから、松竹のますおかが優勝できるんですか」

とラサールさんが聞くと、

「今日は吉本の社長にも了解をもらってガチンコでいきますから。ますおかに今日の時間もちゃんと教えてしまいましたからね」

と紳助さんが答えて爆笑が起こった。お客さんも笑いがわかっている。

「抽選で中川家が1番引いたのが今のあーあ、中川家かわいそうやなということですね」

「中川家の兄ちゃん死んでまうんちゃいますか」

とラサールさんが言うと会場がドッと沸いた。お客さんにとっても、それほどに優勝候補の中川家の1番目というのは衝撃的だったのかもしれない。

その後、視聴者のはがき投票の説明がある。優勝者をピタリ当てた人に100万円がもらえるのだ。何万通というはがきが寄せられていた。断トツに多かったのは中川家だった。CM中にも、松本くんが「中川家きついですね。かわいそうですね」と言うと、紳助さんも「かわいそうや」と続けた。

菊川が控え室に入ってレポートを始める。みんな、舞台衣装に着替えている最中だった。

「中川家さん、ほんとおじゃまだと思うんですが」

「はい、じゃまですね」と礼二がにこやかに答える。集中して、ネタ合わせをしたいときにのんきに入ってこられて実際に迷惑だっただろうが、それでも笑いを取ろうとするのが芸人の性だ。さっきまでの沈鬱な楽屋が一転した。

礼二の後ろで、フットボールアワーの岩尾とチュートリアルの福田、麒麟の川島、ハリガネロックのふたりがカメラに向かって愛想を振りまくっている、剛とチュートリアルの徳井はたばこを吸っている。ＤｏｎＤｏｋｏＤｏｎの平畠はヌボーとした顔でカメラに笑いかける。ハリガネロックの松口はカメラの向こうの誰かに携帯電話をかけている男を演じている。キングコングの西野に至ってはパンツ一丁になって衣装に着替えている。

こんなときにもどん欲に笑いを取りにくる者、平静を装う者、カメラを無視するかのように着替えている者……みんなそれぞれ思惑があるのだろうが、緊張は隠せない。

この楽屋の異常な雰囲気に、菊川も「私はどうすればいいんですかねえ」と音《ね》を上げる。

「普通はお笑いが集まったらうるさいんですよ、ところがさっき楽屋のぞいたら誰もしゃべってないんですよね」紳助さんが言う。

「て言うか、平畠はなんで来たんですかね」

松本くんが先ほどの平畠に突っ込んで笑いを取る。

「大変なもんだよこれ！」

最後に感想を求められた青島さんが思わず叫んだ言葉が、審査員も緊張していることを表していた。

ファイナリストたち

「さあ、それではM－1グランプリ2001、1組目に登場していただきましょう。エントリーナンバー438番、中川家です」

センターの扉が割れて中川家が登場してきた。

「どうぞよろしくお願いします。われわれ中川家と申しまして兄弟で漫才やっとります」

1番バッターという最も不利な順番を引き当てたせいか、何かふっきれた感があった。晴れやかな漫才師の顔に戻っている。順調にいつもの電車ネタから漫才に入った。

駆け込み乗車おやめください。

乗ろう思て乗られへんかったときが恥ずかしいねん。

はげたのにまだ散らかすの。

つかみネタがうまくいき、スムーズに川の遭難救助ネタに入った。観客もよく笑っている。コント風に礼二が話を進めていくと、剛がちょこちょこ話に入ってきてじゃまをする。

客席もしっかりついてきている。大丈夫、しっかり捕まえた。

　拍手のうちに終わった。剛がフッと息を吐いた。観客も審査員も、他の組を見ていないのでなんとも言えないが、さすがは中川家という目で見ていた。

　札幌、大阪、福岡の一般審査員の点数は65、89、79だった。合計233点。

　特別審査員の点数は西川、青島、小朝、鴻上、ラサール、松本、島田の順に91、90、90、90、85、70、80の合計596点だった。高得点だ。松本と島田の点数が低く思えるがこれは1組目ということで基準点としてあまり高くない点をつけたのだと思う。

　総合計は829点だ。この時点ではどうなのかわからないが、かなりの高得点だと思われた。中川家はこの得点に満足なのか、余裕のある顔をしている。

「ステージの方で聞いていただきましょう」と赤坂から振られて、菊川が無言で礼二の顔にマイクを突きつけた。礼二がのけぞって、客席が爆笑した。

「なんか言うてくださいよ」と礼二に言われて菊川が言ったのは、「あ、言いたいことをおっしゃってください」だった。

「とりあえずあっついです」

「汗だらだらですね」

　最初はこの菊川の司会ぶりを見ていて、彼女には緊張したコンテストの司会をするのは無理だったかもしれないと思った。制作会社の連中がこの番組の精神をあまり理解していないのだと思った。でも、実際にはむしろこの抜けた司会ぶりが、逆に出場者の緊張を解いたかもしれない。あまりにも突っ込みどころが満載だったから、お笑いの人間にとってはおいしかっただろう。

中川家は暫定1位ということでファイナリストシートに座った。残り9組の結果を待つ。

続いてはフットボールアワーだ。コンビ結成からわずか2年で決勝に進出してきた笑いを切り開くホープと紹介される。

つかみネタの岩尾の顔面いじりと早口言葉のネタが始まった。

「早口言葉遅いねん」「早いよ、おれこれ1歳のときから言うてたんや」

「言いにくい言葉を早く言うねん」「お前本当はお父さんの子じゃないんだ」

順調に客をつかんでスタートして、客席の笑いも取っているが、ネタに入ると、やり取りが微妙にちぐはぐな感じがした。モニターを見てみると、後藤の表情が固く、突っ込みにシャープさがない。やはり緊張しているのか。いつものフットボールのようなテンポの良いやり取りがなく、爆笑までいかない。客席の笑いが次第に小さくなっていった。

終わって岩尾は汗を拭いた。後藤の顔に笑顔はなかった。

地方審査員の点数が出た。62、83、46の191点だ。福岡の点数が低い。続いて特別審査員が点数を出した。

90、80、80、82、82、55、66の合計535点。

中川家よりも明らかに低い。総合計は726点だ。中川家とは100点以上の差がついた。ふたりとも固い表情をして黙り込んだ。司会陣も何も言葉をかけない。この結果に納得しているのだ。ぼくは残念だったが、仕方ない。今日の出来だけで決まるのだから。ふたりは沈鬱な顔で2位の席に座った。

司会の赤坂が「今日は淡々といってるんですね」と紳助さんに言うと「淡々といきます。審査員のみなさん方に今聞いても答えることはないと思いますから。何に困ってるかというと自分たちに困っていると思います」と言う。審査員はそうでもないという顔をしていたが、振られたら困るだろう。

「なんか見てると審査員の特徴もはっきりわかってきましたね」

紳助さんが何を言おうとしたのか、このときはまだわからなかった。

続いての出番はチュートリアルだ。京都の幼稚園のときからの同級生コンビだ。

「すいませんね、顔面テッカテカで」

いつものように福田の顔のテカリいじりからスタートしてうまくネタに入ったと思ったが、どうもいつもと何かが違う。チュートリアルも、ふたりの間がぎこちないような気がした。徳井の語尾が聞こえにくかったり、テンポが速すぎてセリフが聞こえないところもあった。そのせいか、ネタをとばしたのかと思ったくらいだ。いつもなら大ウケするところがウケなくて、徳井ワールドが客席から浮いていた。漫才を終えたふたりは不完全燃焼という顔をしていた。

地方会場の点数は38、67、49の154点だ。かなり低い。会場からはえぇーという声が漏れた。そして特別審査員の点数は、80、75、75、68、75、50、60だ。松本くんと紳助さんの点数がとても低い。合計点は637点だ。

客席がこの低い点数を見てどよめいた。

「そんな、え〜とか言われるとよけい悲しくなるんで」と徳井が言ったが、その声に元気はない。

M－1はみんなの前で点数を公開するのを売りにしていたが、こうして実際に目の前でシビアに点数がつけられるのを見るのはきつかった。しかもこれが全国に生放送されていると思ったら、演者には相当きつかっただろう。意図したこととはいえ、こんなに強烈だとは思わなかった。

このとき楽屋では出番がまだの漫才師たちがショックを受けて騒然となっていたらしい。ますだおかだの増田が「これは公開処刑場だよ！　いやな番組やなあ、おれたちおもろいから選ばれてきたんと違うの？」とあまりのシビアさに弱音を吐いていたようだ。

「今日は紳助さんも静かですね」

「うーん、そうですね。しゃべる気になれないです。今日の審査員の方も何も言えませんよね」

「うーん、あそこがどうだった、こうだったと言っても仕方ないしね」とラサールさんが答えると、西川きよしさんが「いやあ、でも言いたい」と突然言った。

「何を？」

「みんな真剣にやってる」

「やってるっちゅうねん」

紳助さんが西川さんにぶつけるように言った。一瞬、ふたりの間に火花が散ったように感じた。西川さんはさらに「だからそれを言いたかったんや。何を言うてるこの島田紳助」と言って手であごの下を伸ばす仕草をした、紳助さんの顔まねをしてるのだ。西川さんもいつもの西川さんではない。言葉に険がある。西川さんも緊張しているのかもしれない。

ことほどさようにこのM－1が醸し出している緊張感がみんなから言葉をなくし、変な言動をさせているのかもしれない。

ただ、そのときは西川さんは何を言い出すんだと思っていたが、今となってみるとなんだかおもしろい。あの、みんなが緊張している中で言いたいことを言っている西川さんが道化じみて、一番芸人らしい芸人に思えてきた。

次の挑戦者は松竹芸能のアメリカザリガニだ。風邪引きでしんどい平井と必死でひとりイメージ漫才をやっていた柳原のコンビだ。

「いやあ、アメリカザリガニです。がんばっていかなあかんね」

3オクターブの声を出すといわれる柳原が得意の高音で挨拶すると、平井はなんと「あ〜、うるさい」と答えた。ネタのようにさりげなく言ったが、ほんとにしんどくて柳原の高音の声がうるさかったのかもしれない。

ネタの方はすごく良かった。ハンバーガーショップのドライブスルーのネタだったが、柳原の高音のツッコミがおもしろいように決まった。漫才が爆笑のうちに終わって、柳原は会心の笑顔だ。平井は風邪で真っ白い顔をしていたにもかかわらず、満足そうな顔をしている。

地方審査員の点数は84、57、87、合計228点の高得点だ。

「大阪の得点が低いのは吉本の劇場でやってるから、どうしても松竹の彼らはアウェイになってしまったんでしょうかね」と紳助さんが気になるところをズバリ突いてきた。すると、柳原が、「そんなことない、そんなことない」と否定した。偉いやつだなと思った。

特別審査員の点数は88、85、80、92、84、65、74点の合計568点、総合得点は796

った。

点だ。一挙に2位に躍り出た。フットボールアワーと入れ替えだ。フットは寂しく席を立った。

風邪で高熱を出していたはずの平井は顔に生気が戻り「人生最高の漫才ができた」と言った。熱で衰弱した体に緊張感がうまく作用したのだろうか？　体に気を遣っていつもよりゆっくり気味にやったのが良かったのか。いずれにしても、M－1は松竹芸能でも関係ない、おもしろければ勝てるという、当たり前のことが確認できてよかった。

続いては東京勢から唯一決勝に進出したおぎやはぎだ。彼らの漫才は、関西のように前に出てこない。かと言って、関東によくある一方がもう一方を馬鹿にするというパターンとも違う独特の漫才だ。なんというか、大人のやり取りとでも言うべき、落ち着いた漫才である。

「はいっ、おぎです」

「やはぎです」

「おぎやはぎです。よろしくお願いします」

いつもよりかなりテンション高く始まった。関西勢に負けまいと声を上げているのか、上げない方がいいのにと思った。

「さっそくなんですけどね、おれ歌手になろうと思ってるわけですよ」

おぎやはぎらしく、いきなりネタに入るパターンだ。うまくはまってくれればいいが、つかみネタなしでどうなるか。しかも、珍しく意外性のないベタネタだ。ベタネタもおぎやはぎがやるとおもしろいが、笑いどころの少ないネタだ。客席も爆笑にはならない。紳助さんは真剣にモニターに見入っている。

地方審査はまさかの22！　9！　12！　の43点だ。あまりにひどい点数に客席から悲鳴とともに笑いが起こったくらいだ。低すぎる点数に本人たちも苦笑いをしている。

特別審査員は77、80、75、82、73、60、50の合計４９７点で、総合得点は５４０点だ。今までの最低点だ。

地方審査の点数が低い。これはやはり彼らの漫才の特性によるだろう。東京勢が不利だということではないと思う。地方の審査員は離れた会場でモニターで観ているので、どうしても引きの芸には高い得点をつけない。前に前に出てきて大きな声で訴えてくるコンビが有利だ。特に大阪はなんばグランド花月の広い客席でジャンボトロンという劇場据え付けの大型画面で見ている。客席から距離があるので、動きが少なく、大声でしゃべりまくるわけではないおぎやはぎには低い点数しか入らなかったのだろう。

ランキングでは4位のチュートリアルにも１００点近く離されて、断トツの最下位になってしまった。

次はキングコングだ。デビュー2年にして新人賞を総なめにした超エリートコンビだ。梶原のスピーディな動きが売りだが、西野のしゃべりの技術も確かで、往年のB&Bの島田洋七さんを思い出す。

ただ選択したネタが今日のM－1には少し幼すぎるような気がした。この日の会場のピリッとした空気に似つかわしくないのだ。大爆笑を取れないまま終わった。

「ネタの選択は大丈夫？」と紳助さんがふたりに聞いた。

「いや、大丈夫ですけど。なんでですのん」と西野が心配して尋ねる。

「いや、別に」と紳助さんは意味深な笑いを浮かべた。

「なんでそんなん言いますのん」とふたりが食いつく。

地方審査の得点が64、55、60、合計179点と出て会場がザワついた。点数が低すぎるという抗議だ。動きの速い、テンポで見せるこういう漫才は、ライブで間近で見るとすこぶるおもしろいのだが、モニター画面越しの映像だとおもしろさが伝わらず、評価も低くなる傾向がある。間近で見ていた観客はものすごくおもしろかったのだと思う。

特別審査員の評価は95、75、70、76、83、55、74点の528点、総合得点は707点となり第4位だった。西川さんとラサールさんの得点が高い。ふたりはこういう動きのあるネタが好きなんだろう。

「こういう漫才になると評価が難しくなりますよね。どう評価するかで会場もえええとなるんでしょうね。審査員の先生方も評価できませんよね。鴻上さんも真剣ですね」と紳助さんから振られて鴻上さんが「いい緊張感です。もう感動してますよ、ぼくは」と答えた。

続いて麒麟が登場した。Ｍ－１の開幕前はノーマークだったコンビだ。麒麟が残るとは誰も予想していなかった。それが、あれよあれよという間に決勝まで勝ち上がったのだ。

拍手しながら登場し、「麒麟です」と川島がマイクに口を近づけて渋い声で言うと客席が沸いた。

麒麟のネタは前半で田村が取った行動を、後半で川島が田村の行動に全く違う当て振りをして解説するというネタだった。前半は全く笑いが取れないのを我慢して、後半の爆発に持っていけるかどうかが勝負だ。果たして、そこまで客が付いてこれるかどうかだ。

地方審査の得点は54、82、63点で合計１９９点だった。かなりの高得点だが中川家、アメリカザリガニには劣る。特別審査員の得点は79、75、65、90、83、75、75で５４２点だった。かなりの高得点だ。特に鴻上さんと松本くんの点数が高い。

「これは順位が入れ替わるかもしれません。さあ、総合得点を見てみましょう」

赤坂が盛り上げる。

「何点、何点？」と田村がはしゃぐ。

総合得点は７４１点で3位だった。中川家、アメリカザリガニには届かなかった。

「いちいちリアクションとんなっ、期待したやんか」と田村が客席の歓声に対して手を振って抗議した。反応がいいので、もっといくと思ったのだ。

この点数に対して紳助さんが「ぼくは個人的にはいったと思たがね」と残念がると、松本くんが「これはもうしょうがないんですか」と言った。

「松本はいったと思たでしょう?」紳助さんが聞くと、「ぼくは今までで一番良かったですね」と大絶賛した。麒麟のふたりが深々と頭を下げた。

「このネタするのは勇気あるよな」とラサールさん。

「ものすごい勇気ありますね」と松本くん。

「かわいそうです」と続けた松本くんは相当このネタを評価したようだ。

「ぼくの評価では2番目やったんですけど、みんなの評価は違うからこれは仕方ないです。まあ若いから5年後に期待しましょう」

と、紳助さんが締めると、それに対して「来年はっ?!」と田村が突っ込んだ。

予想外の麒麟の健闘で、客席ががぜん盛り上がってきた。

次はいよいよますだおかだだ。いつにも増してふてぶてしい顔をして登場した。

「松竹芸能のますだおかだです」

「ややこしいこと言うなや」

「不利不利～」

いきなりこんなつかみネタから始めた。そんなことを一切言わなかったアメリカザリガニと好対照だ。

漫才は、岡田が亡くなった場合の貧相な葬儀の様子をレポーターが実況するというもの。笑いをちりばめてコンスタントに積み重ねていった。かなりの高得点を取るかもしれないと思った。

地方審査は75、52、68点の195点だ。意外に低かった。彼らの漫才は、増田が声を張るところがなく、岡田が明るく元気にやったが、映像ではウケにくかったと思う。

特別審査員の点数は、95、80、80、88、84、70、78とかなりの高得点だ。合計では575点。総合得点は770点でアメリカザリガニに次ぐ3位に入った。

「これは完全に地方の得点で負けたね」

紳助さんがそう分析した。

「地方で、特に大阪の、吉本の劇場で得点が低いので、ということはネタを直す必要はない、吉本に来ればいい」

「後で楽屋行きます」と増田が紳助さんに頭を下げた。

「特別審査員の得点は高かったというのは1000万円には届かないけど、これはこれで受け止めたいことですね」と赤坂が慰めた。

増田は舞台をはけてからも悔しそうだった。大阪の得点で負けたと思っているのだろう。紳助さんが特別審査員の点数だけなら1番だったと勘違いして言って誰も否定しなかったから、よけいにそう思ったのかもしれない。事実は、中川家に次ぐ2位だったのだが。「例えばアメザリは同じ松竹で、同じだけ大阪の得点が少なくて、でも得点は取っているんで、正直なガチンコだと言えますよね」とラサールさんが公平な審査だと強調した。

いよいよ9組目だ。「無冠の帝王」とキャッチコピーをつけられたＤｏｎＤｏｋｏＤｏｎだ。実力があり、知名度は抜群ながら、受賞歴がゼロなので名付けられた。

おもむろに登場した山口が「いつからおったん？」と平畠に突っ込むと「ひとりにすなっ、楽屋にもずっとおらへんかったし」と平畠が返す。ふたりのぎくしゃくした関係を表すかのようなやり取りだ。

続いて、「今日もなんですか、歩道と車道の間を這ってきたんですか」という謎の問いかけをした。ひげの濃い平畠の顔を見て、アゴに砂鉄がついていると揶揄したのだ。わかりにくい。今日のこの舞台には、こういう顔いじりのようなネタはそぐわないということを感じなかったのだろうか。いや、感じたとしても楽屋に一緒にいなかったからネタを変えるのは無理だったのだろう。舞台からふたりの不協和音がひしひしと聞こえてきた。機械的にアリネタをやっている感じがした。山口が完全に冷めているように見えた。

いつもの山口のものまねを入れたナンセンスネタが続く。ネタ自体はおもしろいのだが、ふたりのやり取りによってそれが倍加することはなかった。ふたりの仲が良ければ漫才はもっとずっとおもしろくなっていただろうに、残念だった。

ネタが終わってもふたりにやり終えたという満足感はなさそうだった。

「コンビなんですね、このふたりは」

赤坂が初めて知ったと言うので、紳助さんが説明する。

「山口だけが出るから、どうもわかりにくいね。ネタをつくってる時間がないの、最近は？」

「いえ、そんなことないです」

「今日は力一杯やりました？」

と紳助さんが質問した、ということは紳助さんにもそうは見えなかったのだろう。

「いつも通りやらしていただきました」

山口がことさらに強調してそう答えた。平畠は隣でうなずいている。

地方審査の得点は47、18、29の合計94点、おぎやはぎに次ぐ低さだ。吉本の所属であり大阪出身なのにこの低い点数は、やはりテンションが低い漫才は映像で見ると得点が低くなりがちなのだ。

もし来年もM－1があるなら地方審査はやめた方がいいかなと、このとき思った。

「大阪の点数の低さ！」と紳助さんがあきれると、松本くんが「大阪の客、頭おかしいのと違いますか」と言って笑いを取った。ふたりとも漫才は評価しているということだろう。特別審査員の点数は75、85、65、82、84、65、64点で、合計は520点でそんなに低くはない。ただ総合得点は614点とかなり低かった。

この時点で残りひと組の結果を待たずに中川家の最終決戦進出が決まった。

最後のひと組がハリガネロックだ。キャッチコピーは「武闘派」だ。松口がロックスターのように両手を挙げながら舞台に下りてきた。そして中川家とアメザリでほぼ決まったと弛緩している客席に活を入れた。

「疲れとったらあかんぞ、こらあ」

客席にカマしていくのがおもしろい。目を覚まされたかのように場内が急速に盛り上がった。彼らの持つ明るさも影響しているのかもしれない。

かなりパンチのあるネタだ。老人やカップルを小気味良くどんどん切りまくる。松口のきついしゃべりだけでなく、突っ込みの大上《おおうえ》のうまさも光る。

大歓声のうちに漫才を終えた。中川家とアメザリで決まりだと思っていたが、わからなくなった。

ここで舞台に中川家とアメリカザリガニが呼ばれ、ハリガネロックと3組が並んだ。

地方審査の得点は85、85、72の242点。かなりの高得点だ。地方の得点では今までの最高得点だ。アメザリの柳原が顔をしかめた。紳助さんがこれはいくかもしれないと言う。

その上で、特別審査員の得点が出される。
90、70、70、92、85、60、75と表示された。客席にまた歓声が上がった。
柳原は得点を見ないように顔を覆っている。平井は破れたという風に舞台に手を突いて四つん這いになっていた。

総合得点は809点！　一気にアメザリを抜いて2位に入った。悲鳴が上がった。アメザリはがっくりとうなだれている。

最終決戦進出は中川家とハリガネロックに決まった。

紳助さんが締めた。

「今日はなんか運、不運もあったような気がします。これも含めて勝負ですよね。負けた中にも、なぜというコンビもいるでしょうし」

「アメリカザリガニは言葉を失っています」

と赤坂が気遣うと、柳原が悔しさを隠してこう言った。

「そやけどね、松竹芸能でもここまでできるということを見せたんちゃうかなあ」

柳原が明るく言うと拍手が起こった。

「もったいない、もったいない」と柳原は手を振って拍手を止めた。

なにかというと松竹芸能は不利だと言う増田と180度違うのがおもしろい。柳原の人間性を感じた。

「アメリカザリガニはよくがんばりました」

紳助さんの言葉はみんなの気持ちを代表するものだった。

最終決戦へ

最終決戦は7人の審査員がどちらか勝った方を選び、多い方が優勝である。

「1000万円手にするのはどっちか。中川家とアメリカンロック」と最後の最後に赤坂が言い間違えた。実は、その前には中川家を石川家と呼んでいる。確かに、出場している漫才師の名前など、司会を引き受けるまでは聞いたこともなかっただろう。緊張感もあっただろうし。

また、ボールを引いて順番を決める。先攻は中川家だった。2回続けて1番を引いた。中川家が出てきて客席の期待が高まる。始まってしばらくすると、剛が少しネタに入りかけて「あっ、これ違うわ」と途中でやめる。あたかもミスしたと思わせて、実はそうではない。中川家の高等テクニックである。客を笑わせて漫才に引っ張り込む技術なのだ。

その後のネタの運びは完璧であった。1本目とは違うネタではあるが、1本目の世界観を残していて、1本目のネタがシンクロナイズされ、観ている者をさっきの心地よい世界に連れ戻す。テンポもいいし、剛が度々茶々を入れるのもじゃまにならず笑いを増幅した。たくさんの舞台を踏んでいる成果が自然に出たという感じだ。観客の心を満たして漫才が終わったと思った。

紳助さんも感心している。

「ネタをパタッと変えてきましたね。漫才の奥の深さを感じましたねえ。最終決戦用にネタを置いてたなあと感じました」


中川家がほぼ100点の漫才をした後はハリガネロックである。彼ら2組はNSCの同期である。同じ時期に入学して10年目にこのM–1の最終決戦でともに戦うことになるとは不思議な縁である。

ふたりはセンターのゲートが開くと、おきまりの両手を挙げるポーズで登場してきた。王道の漫才で横綱相撲を取った中川家に対して、張り手でも猫だましでも何でもやってやるぞという意気込みが感じられた。気持ちで負けていないのがいい。

ネタも1本目と同じく攻撃的で、先生や童謡を斬りまくった。だが、1本目に比べるとネタに少しキレがなかった。

実は彼らは2本目にやるネタがなかった。２本目に用意していたネタを急遽1本目に差し替えたからだ。というのは、ひと組目の中川家が予想以上の高得点を出したため、これは高得点勝負になるとみて良い方のネタを先にやったのだ。これと逆に、とっておきのネタを最終決戦に温存しておいて敗れ去った組もいただろう。

ハリガネは作戦が成功して、最終決戦のふた組に残れたが、今度はそこでやるネタがなくなってしまった。ふたりは残っている持ちネタの中から2番目にいいネタを持ち出し、自分たちの出番までそのネタを必死で繰《く》った。

最終決戦で勝ち、１０００万円を得るためには2本のネタが必要である。一番いいネタと2番目のネタ、どちらを先に持ってくるかは難しい。

より激戦になる最終決戦用に一番いいネタを温存しておくという考え方もある。しかし、その前に10組から勝ち上がらないことには元も子もない。翌年以降も、ネタの順番をどうするかは出場者を悩ませた。間違えたコンビもたくさんあったはずだ。すごく良いネタを抱えたまま最終決戦に残れず披露できなかったのだ。もちろん理想を言えば、同じレベルのネタをふたつつくっておくことだが。そう簡単にいいネタはつくれない。

ハリガネロックは弱い方のネタで中川家という強敵と戦わねばならなくなった。それでも逃げずに果敢に挑んでいく姿勢は良かった。

ハリガネの漫才が終わった。

「さあ終わりました」と紳助さんが言った。

「ふた組ともね、力の入った漫才でした」赤坂が締める。

「おもしろかった」菊川がポツンと感想を漏らした。本音だったのかもしれない。

「さあ、7人の審査員に1票ずつ入れていただきます。まずは大会委員長の島田紳助さん」

紳助さんが中央の投票ボタンに歩み寄った。中川家かハリガネロックかいいと思った方のボタンを押すのだ。それを見て松本くんが叫んだ。

「あっ、押していくんですか」

観客の前で、そして全国の視聴者の前で審査員は投票をするのだ。

「きっついなあ」

松本くんが思わずぼやく。それに対して紳助さんがキッパリと言う。

「審査員にもリスクをしょって押してもらいます」

「こんなきついもんだと思いませんでした」

そう言いながら紳助さんは自信を持って中川家の青ボタンを押した。場内がどよめいた。

全国でも視聴者が固唾をのんで見守っているだろう。

「それでは松本さん」

松本くんは「ああ〜」と言いながら青ボタンを押す。

「鴻上尚史さん」

青、中川家。中川家が一礼した。ハリガネロックはあきらめたように微笑んでいる。みんなが中川家で決まりだと思った。

「西川きよしさん」

ここで西川さんが中川家を押せば決定である。西川さんは「よおしっ」と大きな目をむいて気合いを入れた後、なんとハリガネロックの赤ボタンを押した。意外な展開にどよめきが起こる。ハリガネロックファンと思われる女の子のキャーという声が聞こえた。これは、もしかしてこの後ハリガネロックにも票が入って接戦になるのか？

続いては春風亭小朝さんだ。どっちだ。ハリガネロックに入れるのか？

小朝さんは手のひらで力強く青ボタンを押した。中川家だ。決定だ！　しかし司会の赤坂は進行を止めることなく読み上げる。

「ラサール石井さん」

青、中川家。

「青島幸男さん」

青、中川家。

「6対1でオートバックスM－1グランプリ2001、初代チャンピオンは、中川家に決定いたしました！」

赤坂がそう叫ぶと同時に、紙吹雪が舞った。礼二が拳を握りガッツポーズをした。晴れやかな顔だ。

と、礼二が急に壇上に突っ伏した。今まで堪えてきた感情があふれて、我慢しきれずに涙が流れてきたのだ。横で剛が笑顔で「もうねえ、そこで待ってるのがすごい苦痛で」としゃべっている。

顔を上げた礼二に紳助さんがマイクを向けるが、礼二は感極まって言葉が出ない。

「なあ、うれしいなあ」

「うれしいです」

初めて礼二が感情を表した。決して口には出さないが、秘めた思いがあったのだろう。

「全国の皆さん、ありがとうございました」

高らかに礼二が礼を述べた。


青島幸男さんから優勝トロフィーが贈られ、西川きよしさんから1000万円の小切手のパネルが渡された。続いてオートバックスの住野公一社長が登場して、オートバックスのカー用品100万円分の商品券が贈られた。

続いて、「なんか、ものすご尻すぼみの感じですね」と笑いながら松本くんから花束が贈られた。剛は終始笑顔で、礼二は高揚した顔でそれを受け取った。

「ハリガネロックは惜しくも負けてしまいましたけど、準優勝です。でも準優勝には何もありません。これが芸能界かもしれません。がんばりましょう」

と紳助さんが慰めた。慰めになっているかどうかはわからないけれど。

紳助さんが中川家にインタビューしている間に、他の出演者たちがステージに上がってきた。一様に無表情に近い顔をしている。その後で、中川家をうらやましそうに見た。その中で増田だけが中川家をにらんでいた。チャンピオンになれなかった悔しさか、来年は取ってやるぞという決意か、その顔には闘志があった。


「審査員のみなさまにもコメントなしで審査してもらいましたけど、どうでした。松本はいやや、いややと言うてましたが、どうでしたか」

「しょうがないですよね。何も言いようがないですね」

と答えた松本くんが、「ちょっとハリガネロックにクリスマスプレゼントを」と言って、ポケットから小さな紙の靴を出してきた。お菓子の入ったサンタの靴である。それをふたつ、ふたりにプレゼントすると、ふたりが笑顔になった。場が温かくなった。

ぼくは松本くんの小さな心遣いに感心した。どこで用意してきたんだろう。準優勝のハリガネロックに与えられたのはそれだけである。でもふたりはうれしかったに違いない。

「ほんとによくやりましたよ。笑ったし、おもしろかったし、みんなの一生懸命さが伝わって感動しましたね。これからもまだまだ漫才盛り上がると感じました」

「来年またお会いしましょう」

そう紳助さんが締めくくった。


モニター画面にスタッフロールが流れ出した。

その一番最初に〈企画〉島田紳助　谷良一　と流れた。ぼくは朝日放送のスタッフに感謝した。こんな最初に、紳助さんの次に、企画としてぼくの名前を出してくれた心遣いがうれしかった。

そしてぼくの後に〈オートバックスM－1グランプリ2001事務局〉として、橋本卓、松田永浩、片山勝三、松本裕嗣、立田善嗣、垂水愛、梅林修……という名前を出してくれた。半年間、M－1を立ち上げて以来、ずっとやってくれた仲間たちだ。普通は地方予選のスタッフなんか出してくれない。ここにも朝日放送の温かさを感じた。

ひとりからスタートした漫才プロジェクトだったが、この人たちがいてくれたおかげでM－1グランプリができた。このうちのひとりでもいなければ成立していなかったのではないか。いつも思うことだが、このときによくこれだけの人たちが集まってくれたと思う。

朝日放送、オートバックス、その他数多くのスタッフ、こういう人たちが奇跡的に集まってM－1ができたと思う。ほんとに奇跡のような1年だった。

「お疲れ様でした」

終わった、すべて終わった。濃密な2時間半だった。

紳助さんに頭を下げた。紳助さんは、やっと終わったなという顔でにっこりした。

思えば、読売テレビの楽屋で紳助さんの名前を見つけて部屋に入ったことから始まったM－1だ。ぼく自身、半信半疑で始めたような気がする。まさかこれほどのものになるとは思わなかった。

プロデューサーの市川くんにお疲れ様と言った。何度も衝突したけれど、ここまできっちりできたのは彼のおかげだ。和田さん、山村さん、栗田くん、そして朝日放送のおかげだ。

出演者たちはめいめい楽屋に帰っていく。

中川家だけは記者の取材が待っていた。紳助さんとオートバックスの住野社長と一緒に記者会見だ。

考えてみたらM－1ができたのは、住野社長のおかげだ。住野さんがあのときぼくの言った「漫才ブームは千日前まで来ています」というはったりを信じたふりをしてくださったおかげだった。そのおかげで朝日放送も放送をしてくれることになった。ほんとに足を向けて寝られない。

実は、今日の本番の前、楽屋のトイレに行くとオートバックスの役員の松尾さんがいた。ぼくが隣に行くと、彼が言った。

「今朝、M－1の決裁のはんこを捺してきたんや」

「えっ、どういうことですか」

彼が言うには、今日までM－1をやるという決裁書にハンを捺さなかったということだった。つまり、M－1のスポンサーになることに反対していたわけで、決裁印を得られないまま今日までやってきたということだ。この役員も決勝が近づくにつれての盛り上がりを認めてくれたということか。まあ、彼がハンを捺さなくてもM－1をやめることにはならなかっただろうが、それほど社内には反対する人が多かったということだ。それを抑えて住野社長がやると言って進めてくださったのだ。

記者会見は盛り上がっていた。ぼくは旧知の新聞記者を見つけて、住野さんに質問してくれるよう頼んだ。質問が紳助さんと中川家に集中していたからだ。来年もM－1をやるにはオートバックスがスポンサーになってくれることが絶対に必要だ。自分に質問がなくて住野さんが気を悪くされたら大変だ。少しでも住野さんに好印象を持ってもらわなければならない。住野さんがそんなことを思うはずがないのに、ぼくはそんなせこいことまで考えていた。

記者会見で、質問にうれしそうに答える中川家を見て、いろんなことを思い出した。

礼二が涙を流したときは、ぼくも思わず泣きそうになった。

3年前、東京から大阪に帰ってきたぼくが見たのは、しょっちゅう仕事をとちって、ついに番組を外されたふたりの姿だ。ぼくは映像メディアチームの長であったが、先輩CPはふたりを許さずに番組から降ろした。

ものまねもうまく、いくよ・くるよさんなどにかわいがられ、けなげにがんばっているふたりを戻してやりたいと思ったが、中川家に対するスタッフや共演者の不信感はかなり強かった。ほとんどの番組から外された彼らは漫才をするしかなかったのだろう。

そう、そのときこそ、ふたりは漫才をやりまくったに違いない。彼らにはもはや漫才しかなかったのだ。今日、決勝に出場した誰よりも、1603組の中の誰よりもたくさん漫才をやったに違いない。どのコンビよりも多くの舞台を踏んで漫才を聴かせてきたはずだ。

その圧倒的な積み重ねがこの優勝につながったのだ。

この2時間半の間に、それら様々な思いが去来しただろう。

それと、ぼくが感じたのはふたりの仲の良さだ。

ぼくは、仲の良い漫才師はおもしろいというのが持論だ。逆に言うと、仲の良くない漫才師はおもしろくないと思っている。

漫才師はお互いのことを相方あるいは相棒と呼ぶ。ぼくはこの言葉が大好きだ。

ご存じの通り、これは駕籠《かご》かきが棒の前と後ろを持って駕籠を担いだことからきている。このふたりの息が合っていると乗ってる方も楽ちんだが、息が合っていないと揺れまくって大変だ。当然ふたりの仲が良ければ息もぴったり合い、乗り心地も良いだろう。

これはまさに漫才でも同じだ。仲が良ければ息がぴったり合う。仲が悪いと合わない。だから仲が良いということは漫才がおもしろいということだ。

何十年もやっているベテランの漫才師になると、仲が悪くても、金のためと割り切ってやれるのだろうが、若手のうちはそうはいかない。夫婦が好きな人と結婚するように、元々こいつと組みたいと思い、こいつとやったらおもしろい漫才ができると思ってコンビを組んだのに、いつの間にか嫌いになっている。四六時中、それこそ奥さんよりも長い時間一緒にいるとお互いのアラが見えてくるのだろう。箸の上げ下ろしから、極端な場合、耳の後ろの毛の生え方が気に入らないとまで思うようになるらしい。

その原因はおそらく嫉妬だ。

おれがネタを考えてるのに、なんで相方の方が人気があるのだ。ボケのおれがおもしろいから人気があるのに、なんであいつが脚光を浴びるんだ、おれが突っ込むから漫才がおもしろくなるのに、なんであいつばっかりチヤホヤされるんだと思い始めると、自然と仲も悪くなる。

ひとりで駕籠が担げないように、ひとりで漫才はできない。1＋1が2ではなく、3にも4にもなるのはふたりの協力があってこそだ。コンビの気持ちがバラバラでは、それはできない。今回も、中川家をはじめとして、アメリカザリガニやハリガネロックなど高得点を取ったコンビはみんなコンビ仲が良さそうだった。仲の良いコンビの漫才を見るのは気持ちがいい。

若い頃、一生懸命に売れたい、出たいと思って必死であがいているときは、ふたりで仲良くがんばる。目標が一緒だからだ。ところがいったん売れて人気が出て忙しくなり、マネージャーがつくとなると途端にコンビ仲が怪しくなる。

漫才ブームで全国中に売れたある漫才師のマネージャーをしていたとき、ふたりが直接会話しないことがあった。それぞれが間にぼくを通すのだ。直接話せばすぐに済むことなのに、ぼくに言って、ぼくから相方の方に言う、相方はまたぼくに言う、まるで三角貿易のようだった。これでは相方ではない。

ところがぼくがもうひと組担当していた別のコンビの方に2日間つかなければならず、ふたりだけで行動してもらうことになった。3日後にぼくが帰ってくると、驚いたことにふたりの仲が良くなっていた。ぼくがいないため、ふたりは口をきかざるを得なかったのだろう。久しぶりに若いときのように話し合ったり、相談したり、時間を確認し合って動いたのだろう。そのため昔のように仲が良くなった。やっぱり好き同士でコンビを組んだのだから、昔に戻っただけなのだが。

まあ、ぼくが戻ってしばらくするとまた三角会話が始まったのだが。ぼくがいない方がふたりはうまいことといくのではないかと思った。

中川家は兄弟だけに、そのへんの調整は自然とできるのだろう。それに、兄の剛が上だという暗黙の了解があるから、そこでもめないのだ。中田ダイマル・ラケットや夢路いとし・喜味こいし、海原お浜・小浜、かしまし娘、若井はんじ・けんじといった親族・兄弟姉妹コンビがうまくいったのもそういうことがあったからだと思う。他人コンビではこうはいかない。

そういう意味では、ＤｏｎＤｏｋｏＤｏｎが今回思うような評価を得られなかったのは当然といえば当然かもしれない。

Ｍ－１の成功を祝って全員でスタジオで乾杯をした後、吉本と朝日放送のスタッフは近所の焼き肉屋で打ち上げをした。出演者も吉本の漫才師だけでなく、松竹芸能のアメリカザリガニやますだおかだも来た。おぎやはぎも来た。みんなでわいわいやっていると、なんと紳助さんもやってきた。紳助さんの登場で、一気にみんなのテンションが上がった。

翌朝、ぼくは中川家を連れてオートバックスの本社に向かった。1000万円のお礼を言うためだ。オートバックスの社員がみんな立ち上がって拍手をして祝福してくれた。

気になっていた視聴率が出た。関東9・0％、関西21・6％だ。関東が低いが、これはテレビ朝日のステーションパワーなので仕方がない。同時間帯の前4週の平均視聴率が7・0％なので、これでも2％上げているのだ。今でこそテレビ朝日は視聴率3冠王を取ったりするようになったが、当時は「振り向けばテレビ東京」と言われ、日テレ、フジ、TBSに大きく差をつけられていた。逆に言うと関西の21・6％という数字は驚異的だ。いかに関西人が漫才好き、お笑い好きかということだと思う。住野社長にもこの数字を報告して喜んでもらった。

それから業界視聴率がすごく高かったということもわかった。お笑い関係者だけでなく、テレビ関係、芸能関係、およびマスコミ界からの反応がすごかったからだ。

その後、大阪本社に戻った。

本社に入ると、まるでヒーローを迎えるようにみんなが集まってきた。そして口々によかったよかったと言ってくれた。みんなが放送を観てくれていたのがうれしかった。

先輩の田中さんが、あそこが良かった、ここが良かったと分析しながら、自分のことのようにほめてくれたのが意外だった。他の人も真剣に観てくれていたようで、それぞれがどうのこうのと感想や分析を言ってくれた。

ぼくは安堵した。たったひとりから始まった漫才プロジェクトであったが、Ｍ－１がこのように成功したことだけでも漫才復興という目的は達せられたと思う。

事実、これ以降、漫才が見直され、様々な漫才番組ができて、Ｍ－１戦士たちには仕事が舞い込んだ。特に優勝した中川家は、優勝直後からマネージャーの電話が鳴り止まず、テレビ局のプロデューサー、ディレクターから何本も仕事依頼の電話が入った。翌年の収入は前年度の10倍にも１００倍にもなったという。

こうして２００１年、21世紀の始まりの年はぼくにとって記念すべき年になった。

2001/7/2現在

10月	11月	12月	2002年1月	2月	3月	4月
3回戦	準決勝	決勝	・第二次 漫才ブーム 来る ・漫才番組 多数できる			
漫才大計画 10/19、26開催 base 漫才計画	漫才大計画 11/23、30開催 base 漫才計画	漫才大計画 12/28開催 base 漫才計画	漫才大計画 base 漫才計画	漫才大計画 base 漫才計画	漫才大計画 base 漫才計画	
YTV ZAIMAN 8 ABC 漫才特番 （全国ネット） （9/20収録） 10/12放送 KTV 漫才特番 CX THE MA NZAI2001 TX漫才特番 10/14放送 TVOめっちゃ! 漫才	YTV 笑いの超新星 （11/7収録） 12/1放送 ABCホリデー ワイド 11/23放送 MBS上方漫 才まつり TVOめっちゃ! 漫才	YTV ZAIMAN 9 上方お笑い 大賞 NHK上方演 芸ホール KTV 漫才特番	ABCホリデー ワイド 1/14放送 （新人漫才 コンクール） NHK上方演 芸ホール TVOめっちゃ! 漫才 CX THE MA NZAI2001	NHK上方演 芸ホール TVOめっちゃ! 漫才	YTV ZAIMAN 10 MBS TM&B漫才 NHK上方演 芸ホール TVOめっちゃ! 漫才	OBC/KTV 上方漫才大 賞 CX THE MA NZAI2001

この年間プランは、漫才プロジェクトの1年後はこうなっているという目標（願望）を書いたものです。素人ながら、見よう見まねでExcelでガントチャートをつくりました。進んでいくにつれ何度も書き直したと思います。このとき（7月2日現在）はまだM-1グランプリではなく、M-1オープントーナメントという名前にしようと思っていました。1月の「・第二次漫才ブーム来る・漫才番組多数できる」はちょっと笑いますね。でも結果的に実現しました。

特別付録 漫才プロジェクト年間プラン2001

	2001年4月	5月	6月	7月	8月	9月
全体	芸人面談→方針決定 ベテラン再活性プロジェクト → 中堅ランクアッププロジェクト → 若手漫才師意識改革 →	**M-1オープントーナメント** スポンサー探し	スポンサープレゼン	記者発表 エントリー受付 抽選会	予選スタート 地方予選	2回戦
イベント		ZAIMANライブ(HEP) 5/2開催	漫才大計画 6/29開催	漫才大計画 7/20、27開催 base漫才計画	漫才大計画 8/24、31開催 base漫才計画	漫才大計画 9/21、28開催 base漫才計画
テレビ	大阪の各テレビ局の吉本担当者・漫才担当者と打ち合わせ ABCホリデーワイド4/30放送/YTVネットワーク OBC/KTV上方漫才大賞4/22放送 東京キー局にタレント売り込み、企画提案 BS朝日ドットベース	YTV笑いの超新星(5/23収録)6/16放送 MBS TM&B 漫才 MBS上方漫才まつり5/3放送 TVOめっちゃ!漫才5/13放送 NTV若手漫才番組 CX THE MANZAI2001~ヤングライオン杯~5/19放送	YTV ZAIMAN 7 6/9放送	YTV ZAIMAN SP 東京進出 (7/7収録) 7/21放送	YTV 笑いの超新星 (7/18収録) 9/1放送 MBS TM&B 漫才 TVOめっちゃ!漫才8/24放送 CX THE MANZAI2001~ヤングライオン杯~	MBS開局特番 TVOめっちゃ!漫才9/29放送
劇場	劇場出番の見直し		NGK(なんばグランド花月)メンバーの再編成		劇場出番再チェック base漫才まつり	
広報			M-1オープン広報	新漫才ブームあおる	M-1オープンあおる	
プロモーション	社外ブレーン、漫才シンパ集め・社内キャンペーン → 1000万円スポンサー集め					

第六章

新たな挑戦

M－1グランプリ2002始動

第1回のM－1が終わると、休む間もなく2002の準備が始まった。

去年の反省点の検討、各プロダクションへ2002の告知、ポスター・チラシづくり、予選〜決勝までのスケジュール作成、朝日放送との交渉、参加者募集、新聞・雑誌などのマスコミへのプロモーション……去年と同じことを再びやり始めた。

ただ、決勝の地方審査の是非については再考が必要だった。

前回、おぎやはぎやアメリカザリガニの大阪会場の点数が低かったことについて、吉本に有利なように吉本ファンだけを審査員にしていたのではないかといううわさがあった。

実際は、ファンが偏らないよう、各会場で応募者が挙げた好きな漫才師が均等に入るように朝日放送が人選したのでそんなことはない。

大阪が低いときは札幌、福岡も低い。つまり全体的に大阪の審査は辛くて、点数が低いということだ。

これは、ぼくが考察した通り、画面越しに観たときに、動きが少ない、しゃべりだけの引き芸のコンビの評価が低くなったにすぎない。

しかし、こういう誤解が起こりがちなやり方はやめた方がいいと思い、2年目から地方会場の一般審査はやめた。そんな風に思われたら主催している吉本が損だから。

それと、この一般審査のような、おもしろければ1票を入れ、おもしろくなければ入れないという0か1かという審査のやり方はよくないというのがぼくの持論だ。

このやり方をしているのが、NHKの「爆笑オンエアバトル」である。この番組では会場の100人の審査員がおもしろいと思えばボールを入れ、おもしろくなければ入れないという、まさに0か1の審査方法をとっていた。入ったボールの票数で順位を決める。

この方法の欠点は、誰もが60点をつけるような無難な漫才は高得点を取るが、100点か0点に分かれるようなアクの強い、好き嫌いの分かれるような漫才は高得点を取れないというところだ。

極端な例で言うと、例えばここに誰もが60点をつけるような漫才師がいたとすると、このコンビには100票入る。逆に50人が100点を入れるが50人は10点しか入れない好き嫌いが分かれるようなコンビには50票しか入らない。この結果、60点の漫才で100票取った無難な漫才師が圧勝する。50人が100点をつけるような漫才師は50票しか取れないからだ。

だからオンエアバトルは、それほどおもしろくなくても、誰にでも確実にウケる漫才が有利だ。ものすごくおもしろい漫才をするのだが、嫌う人も多いコンビは絶対に浮かばれない。例えば若いときののりお・よしおのように、好きな人はものすごく好きだが、嫌う人も多いコンビは絶対に選ばれないだろう。若いときの彼らはまさに50人が100点をつけるが、残り50人は10点をつける漫才師だった。

一概には言えないが、無難な漫才師よりも、好き嫌いが分かれる漫才師の方が実際にはファンを獲得し、その後も売れていく。人は、ある種の狂気を持った漫才師を見るのがおもしろいのだ。無難な漫才師は飽きられる。

だからM－1では点数をそのまま換算する審査方法をとったのだが、決勝の地方審査はそうなってなかった。

結局、いらぬ誤解を与えるし、採点方法もあまりM－1に即したやり方ではないのでやめることにした。

特に、ますだおかだの増田くんはこの地方審査にだいぶ不信感を持っていて、吉本有利なやり方だと批判していたけれど、そんな風に思われるのもけったくそ悪いからやめた。

そうこう言っているうちに、M－1グランプリ2002の参加者募集を始める時期になった。

去年の放送を見てエントリーする人が一挙に増えた。

プロは、本当に1000万円がもらえる、公正な審査が行われる、決勝に残ったらそれだけで売れる、漫才はおもしろくてやる価値がある……その他いろいろな理由があるだろうが、実際に参加してみて、あるいは生放送を見てM－1のそういうところを実感してもらえたのだと思う。

アマも、漫才というもののおもしろさを初めて知った、決勝に残るのは無理だけど自分も参加して人前で漫才を披露してみたい、自分の笑いがどれだけプロに通用するのか試してみたい、自分も参加して楽しんでみたい、このように思う人が増えて参加者が増えたようだ。ただ、去年のような冷やかし組は減った。漫才はそんなに簡単なものではないということがやってみてわかったのかもしれない。

2002年は去年の成功もあり、参加者も順調に集まったし、著名人がコンビを組んでエントリーしてきて話題にもなった。すべてがいい循環になっていた。

敗者復活戦

参加者が増えたこともあり、予選の審査員を大幅に増員した。今までの作家さんに加えて、加納健男さん、大池晶さん、かわら長介さん、田中直人さんなどにも入ってもらった。決勝の番組の構成作家も去年入っていた3人にやめてもらって、新たに詩村博史さん、倉本美津留さん、前田政二くんに入ってもらった。去年のメンバーは番組の構成者としては妥当かもしれないが、漫才およびお笑いに対する基本的な考え方が違うと思ったからだ。新たな3人はそういう意味でぼくと同じ感覚を持っていたし、笑いに対して真剣だったし愛を持っていた。

作家を変えたことで朝日放送との会議もだいぶやりやすくなった。ただ、この3人も含めて全スタッフとぼくが対立することが起こった。それが敗者復活戦だ。

ぼくはM－1の基本ルールであるガチンコ勝負、その日の漫才の出来だけで勝ち負けを決めるというルールは絶対であると思っている。これがM－1の肝であり、それまでの漫才コンテストと一線を画しているところだと思っている。

でも、去年のM－1で予選から決勝までやってきた中で、もしかして見落としをしたのではないかという危惧をずっと抱いていた。

本当にその日の出来だけで決めてよかったのだろうか、という危惧だ。「人気も実力のうち」という言葉が芸能界にはある。人気があるということは実力があるということであり、人気は実力のひとつの要素である、ということだとぼくは解釈している。

ぼくらはその日の出来だけで決めたと思っているが、もしかして人気という要素を切り捨ててきたのではないか、あえて人気のある漫才師から目をそらして無視してきたのではないかとおそれたのだ。そのために実力があるのに予選で落としてしまった漫才師がいたのではないかと不安になったのだ。

そういう漫才師を救済するために、あえて一般の人の人気投票で選ばれた漫才師をひと組だけ決勝に拾い上げたいと思った。それはM－1のルールから漏れた漫才師だ。ぼくらの目から漏れたコンビだ。その人気漫才師を準決勝で敗れた者の中から選びたいと思った。そういう意図から、ぼくは全体会議で敗者復活戦をやりたいと提案した。

みんなが賛成してくれると思っていたが、吉本側も含めて、ほぼ全員から反対された。主には安全面からの反対だ。

ぼくは決勝に残った9組と敗者復活戦に臨む準決勝敗退組の待遇に徹底的に差をつけたかった。9組の勝者は新幹線で悠々と東京に到着し、本番まで楽屋でゆっくりしてもらう。

対して残り数十組の敗者は自費で参加するか、もしくは事務局で用意した深夜バスで夜中に大阪を出発し、早朝に会場に到着する。着いても控え室も寝るところも休憩場所もない。そして漫才は寒風吹きすさぶ屋外でやる、という風にしたかった。そういう風に勝者と敗者に徹底的に差をつけたかった。あくまで、準決勝を勝ち抜いた者と負けた者は違うのだ。

２００２年の決勝は東京・有明に新しくできたパナソニックセンター有明スタジオで行うことが決まった。敗者復活戦はその手前にある広場でやろうと思った。

みんなが反対するのは、40組以上の漫才師が出演し、１０００人以上の観客が来る可能性がある、屋外でそんな大規模なイベントをやって事故が起こることを心配したからだった。

ぼくはそんなことはガードマンを配置すれば解決できると楽観していたので、どうしてみんながこのおもしろいアイデアに賛成してくれないのかと不満だった。何事も楽天的に考えるというぼくのいつもの悪い癖がこのときも出た。

朝日放送では山村さんが編成部に移られたため、今年は市川くんがトップになり、栗田くんとふたりプロデューサー体制になった。この件で市川くんとはまた対立することになった。人気という面で目こぼしがあったかもしれないので、それを救済するために敗者復活戦をやるのは大いに意味があると言って熱弁をふるったが、誰も賛成してくれなかった。

構成作家の詩村さんならわかってくれるかと思ったが、「屋外でそんなに大規模にやるのは危ないからやめた方がいいよ」と賛成してくれなかった。会議はいつまで経っても平行線のままだった。

「そんなことを言うて、事故が起こったら誰が責任を取るんや！」

ついに市川くんが腹を立ててぼくに怒鳴った。

「おう、おれが取ったるわ！」

そうぼくが怒鳴り返したものだから、予想外の言葉にみんなが黙った。そしてそのままなんとなく敗者復活戦をやることになった。ぼくがあまりに強く言い切ったものだから、みんな気圧されたのかもしれない。

こう書くと市川くんとはしょっちゅうもめていたみたいだが、ふだんはそうではない。もともと一緒に仕事をしていたから仲が良かった。

敗者復活戦に関しては、やることが決まったからには警備体制をしっかり敷いて、事故が起こらないようにしなければならない。

ところが、ひとつ困ったことが起こった。隣の東京ビッグサイトでコミケが行われることがわかったのだ。コミケ、すなわちコミックマーケットは、このときで25年を数えるマンガ、アニメの愛好者の集まりで、会場で自分たちが描いたマンガ同人誌やアニメの本などを売る催しである。また、アニメなどのキャラクターに扮したコスプレイヤーも集まる。

その数は毎日15万人、3日間で45万人が集まるというものすごいイベントだ。このコミケの2日目がM－1と同日に開催されることが後でわかった。

3日間で45万人の人が集まり、スペース代と入場料などで数十億の売り上げがあるらしい。また、コミックなどの売り上げも莫大だ。マンガ・アニメ愛好家にとってコミケは最大のイベントだ。

ところが、わいせつマンガ問題や、奇抜な格好をしたコスプレイヤーが多数集まることから、近隣住民の反対などにより開催場所を追われてきた。6年前からこのビッグサイトに落ち着いて、最後の安住の地を得て年々規模を拡大している最中だった。そこにわけのわからないM－1などという連中がやってきて、わけのわからないイベントを企画しているという。もし事故でも起こされて中止になり、それがコミケにも影響してこちらも中止にされてはたまらないと思ったのか、盛んにネットでM－1を攻撃してきた。

結局は話し合いを求めて和解したのだが、一部の参加者から敵視されて、立田くんが写真を撮られて、こいつが悪の手先という感じでネットに掲載されたりした。

コミケに迷惑をかけてはならないので、われわれとしては徹底的に警備を増強し、絶対に事故が起こらないように気をつけた。それにしても、コミケが始まる前にビッグサイトの外で何百人もの人が隊列を組んで行進したり、整列をして事故対策をしているのは圧巻だった。それほどに事故を警戒しているのは見習わないといけないと思った。

もっとすごいと思ったのは、コミケから帰る人やこれから行く人が、敗者復活戦をやってる横を通って会場と駅を行き来するのだが、絶対にこちらを見ないのだ。３０００人もの大勢の人間が集まって大笑いをしていて、ときどき大声や奇声が聞こえてきたら、普通はそっちを見てしまうと思うのだが、絶対に見ないのだ。首をギプスで固定されたように、ひたすら前を見て駅に向かう。あちらのイベントは絶対に見ないでくださいと言われているのだろうか？　怖いくらいだった。

それはさておき、敗者復活戦だ。決勝に残れなかった準決勝敗退の45組が参加した。早朝に夜行バスに乗ってやってきた大阪組は、会場のパナソニックセンターのロビーに放り出されて、バスで眠れなかったのだろう、見栄も恥も外聞も捨てて、崩れるように地べたで寝ていた。

12月29日日曜日の12時から敗者復活戦が始まった。その頃にはなんと雪まで降ってきた。決勝に勝ち残った者と敗れた者に決定的な差をつける絶好の舞台になったと思った。雪交じりの冷たい風の吹く中で、漫才師たちは震えながら漫才をやった。舞台でコートを着るわけにもいかない。中には漫才衣装が短パンとランニングシャツというコンビもいた。舞台横の控えのテントから舞台中央まで歩く間だけでも震え上がる寒さだ。

敗者復活戦の審査は、作家５人の特別審査員と一般の人１００人の点数を合わせて一番高得点だったひと組を選ぶ。

一般審査員はひとりに良かったと思う3組を選んでもらう。3組選んでもらうようにしたのは、絶対にひと組は自分の好きなコンビを選ぶだろうが、他のふた組はおもしろかったコンビを選ぶに違いないと思ったからだ。ひと組だけだと偏る可能性があるが、これならかなり公正な審査になる。人気投票でもあるし、公正でもある。満点は１００点である。

特別審査員はひとり10点満点で点数をつけてもらう。つまり満点は50点になる。このふたつの点数を足して一番高かったコンビが選ばれるのだ。

例えば、一般審査員１００人のうち50人の一般審査員が選んで、特別審査員5人が満点をつけたとすると50点＋50点で１００点になる。１００人の一般審査員が選んで、特別審査員5人が5点だとすると１００＋25で１２５点になる。つまり、一般審査員の点数がより重要視される。なお、この点数は最後まで発表されない。全組が終わってから投票され、集計した結果は決勝の途中で発表する。

この審査員選びで、ぼくが感心したことがあった。

敗者復活戦はパナソニックセンターの前の広場に舞台をつくり、その前で行った。観覧は立ち見で誰でも自由に観られるようにした。その前方に一般審査員の区画をつくり、審査員に選ばれた１００人はその中でイスに座って審査してもらう。

観覧希望で並んでいる人に順番に整理番号を渡し、こちら側で抽選して引いた番号と一致した人が当選である。当たった人に「審査員をやっていただけませんか」とお願いした。審査員は最前列で座って観られるのでほとんどの人は大喜びするのだが、中に「私はあるコンビのファンで、どうしてもそのコンビをひいきしてしまいますので、公正な審査ができません。なので他の方にお譲りします」という人が何人かいた。3人選ぶので大丈夫ですし、ひいきしてもらっていいんですよと言っても辞退される。東京のM－1ファンの中には、敗者復活戦でも公正に選んでほしいと考える人がけっこういるのだ。

そしてさらに驚いたのは、この100人の審査結果と特別審査員のつけた点数がほぼ一致したことだ。3組選ぶという審査方法が正解だったとも言えるが、人気投票とプロの審査員の審査結果が同じだったということは、何よりも、われわれがやってきた審査方法が正しかったという証明になる。そして、公正な目を持った純粋漫才ファンがM－1に集まってくれたということだ。ぼくはそれが無性にうれしかった。

さて、2002年の第1回敗者復活戦を勝ち抜いたのはスピードワゴンだった。

結果が発表されたときのふたりの驚いた顔。ガッツポーズを取って素直に喜びを表す井戸田に対し、小沢はいやいやをするように顔をゆがめた。

予想外の結果に驚きながら、ふたりは敗者復活戦の会場から、決勝の行われているスタジオへ向かった。

走りながら、井戸田潤《じゅん》が小沢一敬《かずひろ》に話しかけた。

「小沢さん、来年から忙しくなりますよ！」

その顔は希望にあふれているようだった。


こうして敗者復活戦はＭ－１の呼び物となった。

そして、Ｍ－１はますます人気番組になり、漫才師の最大の目標になり、世間の注目を浴びるイベントになった。


漫才活性化の目的は達せられた。

漫才が注目を浴びるようになり、漫才師の活躍の場が広がり、漫才師の地位が向上し、漫才師の生活も潤うようになった。

「来年から忙しくなりますよ！」

あとがき

２００２年１月１日、ぼくはなんばグランド花月にいた。正月の花月劇場はお客さんでごった返している。

ぼくは舞台袖で裏方や芸人さんに新年の挨拶をすると、関係者出入り口からロビーに出た。次は中川家の出番なのだ。Ｍ－１の放送を見た花月劇場の阪口暁《あきら》支配人がすぐに正月出番に中川家をブッキングした。ファインプレイだ。なんばグランド花月の本出番を割ってもらうのはもちろん中川家にとって初めてのことだ。しかも新年一発目の正月興行である。芸人にとって最大の名誉だ。

ちょうど前の出番の落語家が終わったばかりで、舞台ではセット転換が行われていた。トイレに行くお客さんが客席からロビーにどっと出てきた。ぼくはこのすきにと思い、人をかき分け客席に入ろうとした。そのときこんな声が聞こえてきた。

「おい、次は１０００万円の漫才やぞ」

「1000万円！　そら観たいな」

「1000万円の漫才て、どんなんやろな。観とかなあかんな」

「この漫才を観たかったんや」「これを観にきたんや」

そんな声があちこちから聞こえてきた。1000万円の漫才、確かにインパクトがある。

お客さんが急いで席に戻っていくのに交じって、ぼくも急いで客席に入った。客席は満席で、客席の後ろと両側の壁の前にも立ち見客がびっしりと詰まっていた。支配人に聞くと、中川家が出演すると知ってお客さんが殺到したらしい。

落語台が片付けられ、漫才バックが上から降りてくる。人力と機械の融合で舞台は速やかに切り替わる。

やがて舞台が明るくなり、めくりに中川家の名前があるのを見て、客席がどよめいた。お客さんもよく知っているのだ。

出囃子とともに中川家が出てくると歓声が上がった。

ふたりは満席の客席を見回すと、やや昂揚した顔でしゃべり出した。

固唾をのんで観ていたお客さんが徐々に漫才に引き込まれていく。やがて、次々と笑いが起こった。堂々と漫才をやる中川家は初々しさの中にも風格を感じさせた。

客席が沸き返るのを見て、ぼくはほっとした。ウケなかったらどうしようと気が気でなかったのだ。

１月末のある日、ＮＳＣの校長がぼくのところにやってきていきなり「谷くん、ありがとう！」と言った。何かと思ったらＮＳＣに入学希望者が押し寄せたというのだ。

「大阪１０００人、東京１０００人の合わせて２０００人以上の子が来たんや。去年までの３倍や。それもなあ、みんな漫才やりたい言うて来よるんよ。去年まではテレビタレントになりたいとかテレビ番組の司会をやりたいという子ばっかりやったのに、今年は95％が漫才やりたいと言うねん。うれしいやないの。ほんまにありがとうな」

そう言って校長はぼくの手を取り握手した。

そうか、若い子がＭ−１の放送を観て漫才のおもしろさ、すばらしさを知ったのか。それは良かった。ＮＳＣは入学金と授業料合わせて40万円かかる。40万円×２０００人＝８億円だ。この中からひと組でも売れっ子が出てくれればいい。

さてＭ−１とはいったい何だったのか。

Ｍ−１グランプリ２００１が終わって、一番何が変わったかといえば、漫才への世間の評価だ。

Ｍ−１の決勝に残ったファイナリストたちは決勝の翌日から一気に人気が跳ね上がった。テレビの出演が一挙に増え、漫才番組だけでなく、バラエティをはじめとする様々な番組に呼ばれるようになる。そこでうまくやれた人間は番組のレギュラーになり、やがて司会を任され、自分たちのコンビ名がついた番組を持たせてもらえるようになった。

かつて、ＴＨＥ ＭＡＮＺＡＩが放送され、一夜明けたら人気者になっていたという伝説の再現である。

中川家に始まり、フットボールアワー、アンタッチャブル、ブラックマヨネーズ、チュートリアル、サンドウィッチマン、ＮＯＮ ＳＴＹＬＥ、笑い飯、トレンディエンジェル、銀シャリ、霜降り明星、マヂカルラブリー、錦鯉などはあれよあれよという間に人気者になり、テレビに出まくるようになった。

優勝しなくてもファイナリストに残っただけで人気者になったコンビも、麒麟、おぎやはぎ、千鳥、タカアンドトシ、南海キャンディーズ、オードリー、ハライチ、スリムクラブ、ピース、ジャルジャル、和牛、かまいたち、見取り図、オズワルド、すゑひろがりず、おいでやすこがのようにたくさんいる。Ｍ－１以外から出てきたコンビを探す方が難しい。それに、今や漫才師が出ていない番組を探すのが難しいくらいだ。

さらに、朝日放送系列だけでなく、他局でもＭ－１チャンピオンという呼び方をするようになった。Ｍ－１チャンピオンばかりを集めた番組が企画され、ＮＨＫですらＭ－１という呼び名を普通に使っている。Ｍ－１は文字通り普通名詞になった。

日本レコード大賞のようなメジャーイベント・番組になったらいいなと思って始めた

M−1だったが、本当にそうなってしまった。

M−1で漫才を復活できたから次は落語だということで、橋本を中心に「R−1ぐらんぷり」を2002年から始めた。

「R−1ぐらんぷり」に関しても、未知数であった初年度から東京電力系の通信会社TTNetにスポンサーになっていただいた。しかも西日本でしか放送されないのに、である。こちらも松本裕嗣さんに紹介してもらって、当たった結果である。

そして2003年からは高校生の漫才チャンピオンを決めようと「M−1甲子園」を始めた。現在は「ハイスクールマンザイ」というタイトルに変わったが、コンセプトは変わっていない。

野球ができる高校生は野球で甲子園を目指す。その他のスポーツもみんな全国大会がある。音楽をやる子にも全国規模のコンテストがいくつもある。全国高校生料理選手権も、高校生クイズもある。

じゃあ、野球も音楽も料理もできない子は何をすればいいのか。そういう子に、遊びでもいいから漫才に挑戦してもらいたかった。漫才に一生懸命打ち込むことによって高校時代の思い出をつくってもらいたかったのだ。

それ以外にも、コントNo.1を決める「キングオブコント」や女芸人のNo.1を決める「女芸人No.1決定戦　THE W」、音楽ネタNo.1を決める「歌ネタ王決定戦」といったお笑いのコンテストがいくつかできた。それぞれおもしろい企画だと思う。そのおかげでお笑いが大いに盛り上がった。

ただ、それらとM－1が決定的に違うのは、M－1は漫才を復活させたいという純粋な熱い思いからスタートしたという点だ。漫才を復興させたい、漫才師に脚光を浴びさせてやりたいという紳助さんやぼくの夢から始まった点が決定的に違う。

その夢に協力してくれる熱いスタッフがいて、海のものとも山のものともつかないM－1のスポンサーになってくれたオートバックスがあり、放送してくれた朝日放送があった。そして、何よりも、おもしろい漫才をしたいという何千、何万という漫才師がいて、それを応援してくれる幾千万のファンがいた。

そこが後からできたイベント・番組と根本的に違うところだと思う。口幅ったい言い方だが、志が違う。ぼくは自信を持ってそう言える。

M－1を始めてから23年。正直言って、ここまでやれるとは思っていなかったし、これほど成功するとも思っていなかった。M－1は日本国中に市民権を得て、誰もが知っているイベント・番組になった。

ここまでメジャーになったM－1について望むのは、これからも最初の精神を忘れてしまって形だけにならないようにしてほしいということだ。

漫才師はおもしろい漫才をつくることを最大の目標にして、スタッフはおもしろい漫才師を発掘し、全国の人におもしろい漫才を届けることを目指してほしい。

前の漫才ブームはたった2、3年であっという間に終わってしまった。瞬間最大風速はすごかったが、消えるのも早かった。

それに対して今のお笑いブームは長い。と言うよりも、もはやブームではなく、完全に定着したと言えるかもしれない。

笑いは若者のモテる要素のひとつであり、笑いのわからない人、センスのない人はもてないと言ってもよい。

お笑いのランクが上がり、今や若い子は堂々とお笑いタレントを目指していますと言う。親もNSCに通っていますと自慢するらしい。NSCの生徒はNSCのバッジをつけたまま誇らかに街を歩く。かつては学校を一歩出るとすぐにバッジを隠していたのに。

ぼくは時々、これはほんとうのことなのかと思ってしまうぐらいだ。いや、これでいい。まだまだ外国に比べれば芸界、芸人の地位が低いのが日本だ。もっともっと上がってもいいのだ。

今のM－1についてひとつ言わせてもらえれば、ぼくは、出場資格をコンビ結成10年以内という元の形に戻すべきだと思っている。

ネタの出来と話術が漫才の両輪で、このふたつがあってこそ漫才のおもしろさが決まると言ってよいと思う。漫才の技術はまだまだだが、ネタの斬新さ・おもしろさで笑いを取るコンビと、ネタはもうひとつだが話術のうまさやテンポの良さで笑いを取るコンビがいる。

コンビ結成15年というのはすでに中堅の域で、話術が格段に上達していて、話術だけでも笑いが取れる年数だ。テクニックという点で新人は大きく劣る。いくらネタづくりの才能があって、おもしろいネタをつくっても、15年選手の話術とテンポにはかなわない。10年と15年ではそれぐらいの差があるのだ。

高校野球の甲子園は泣いても笑っても3年という絶対的な制限があるからこそあの緊迫感があり、盛り上がりがあるのだと思う。今のM－1は高校生の大会に大学生や社会人が交じって野球をやっているような気がしてしまう。

ここ2、3年のM－1を観ていて決勝に残るメンバーが変わってきたなと思われる方も多いと思う。

マヂカルラブリー、ぺこぱ、ヨネダ2000、ロングコートダディなどのネタは、昔の常識から言えばこれは正統派の漫才じゃない、邪道だと言われかねないものだ。

しかし、漫才というのは生ものであり、常に時代に乗っかって、時代を切り取って今まで生き残ってきたものだ。

初めて背広を着て楽器を持たずにしゃべりだけでやった「エンタツ・アチャコ」に始まり、しゃべくり漫才を深化させた「ダイマル・ラケット」や「いとし・こいし」、動きを入れて今の漫才の原型をつくった「やすし・きよし」、スーツを脱いでジーパンで舞台に上がった「カウス・ボタン」、つなぎを着てヤンキー漫才をやった「紳助・竜介」、大きな声でハキハキしゃべるのが当たり前の時代に小声でぼそぼそと斬新なネタをやった「ダウンタウン」、両方がボケとツッコミになった「笑い飯」……。

どのコンビも、それまではなかったこと、邪道とされていたことをやって漫才を革新し、やがてそれが普通になった。漫才に正統派も邪道もないのだ。

そういう意味では、先に挙げた4組は漫才の革新者なのかもしれない。

やはりM－1は、話術は稚拙でも、ネタが新しく、今までの常識をひっくり返すような新しい漫才師の出現を待っている。それがM－1の肝だと思うから。

大多数の新人にとって5年の差は大きい。1年間の猶予期間をおいて早く10年に戻した方がよいと思うのだがいかがだろうか。

まあこれはあくまでぼくの思いであり、いろいろ事情もあるでしょうから、うまい解決策を期待します。

漫才師は10年を越えたら、M－1を忘れて、次のフェーズを目指すべきである。

M－1はあくまでひとつの通過点である。漫才師が目指すべきところは生のお客さんを笑わせることである。劇場でも営業でもライブでも、目の前のお客さんに笑ってもらうことこそ漫才師が目指すべきところだと思う。

ぼくが中川家を偉いと思うのは、彼らがひな壇をやらないからだ。ひな壇に目もくれず漫才をやる、コントをやる。

過去に、コンビ結成10年を越えてM－1に出られなくなったときに、M－1という目標を見失って腑抜けのようになったコンビが何組かいたが、M－1決勝進出、優勝は目標ではあっても、最終地点ではないということを覚えておいてほしい。

漫才師が目標とすべきことは、劇場に来てくれたお客さんに笑ってもらうことだ。それさえわかっていれば、M－1に出られなくなっても憂えることは何もない。

劇場いっぱいに詰めかけたお客さんの前で漫才をすること。そして笑いを取って拍手喝采されて送られること。それが漫才師にとって一番うれしいことであると思ってほしい。

ぼくは、仲の良い漫才師が、舞台で楽しそうに漫才をしているのを観るのが一番好きだ。

うれしくなってくる。いつまでも観ていたい。
いずれにしても、

やっぱりM－1おもろいわ！
やっぱり漫才おもろいわ！

谷と作ったM－1

島田紳助

谷が、読売テレビの本番前の楽屋に訪ねてきて、会社から漫才を盛り上げろと言われたのですが、なんか知恵貸してくださいという風な会話から、全てが始まりました。

私の中で、2つの思いが心の中にあり、本番前の短い時間、谷の話に乗りました。

ひとつは、私は18歳で弟子になり漫才の道に進むのですが、漫才をずっとやる気はなく、夢は東京で司会者になること、だから漫才は最初から10年でやめる計画でした。実際は8年でやめたのですが、コンビを組むときに相方の竜介にも10年しかしないと話してのコンビ結成でした。

ですから、自分の夢が叶っていくと、漫才に対して利用したような罪悪感がいつもありました。

そしてもうひとつは、50歳で引退する、そして違う人生を楽しむという計画があり、心残りを全てクリアーしたい思いがありました。

そんな時、谷からの漫才を盛り上げたいという言葉で、こんな物を作ろうと話をしました。

普通の人間なら、そうですねーと相槌打って終わるのですが、谷はいつものように熱く語るでもなく、淡々と内容を質問してきます。

演者が審査に納得する戦い、だから審査員は点数をその場で公開する、これも審査員が笑いのセンスを視聴者に審査されるわけですから、やってくれる人間がいるか？

そして、高校野球のように、予選からはじめて、プロセスから見せて盛り上げる。

最後は賞金を１０００万。

新人の漫才の大会で、１０００万なんて当時は超破格でした。

そんな私の提案を、谷は１人で動き、１人で作り上げていきました。

私は表の人間ですから、島田紳助がＭ－１を作ったと言われてきましたが、私の中では、Ｍ－１は俺と谷で作ったんだと、ずーっと思い続けていました。

私がライダーで谷がメカニック、2人のチームでした。

谷は裏で苦労したことも沢山あったでしょうが、私も表で大変でした。(笑)

審査員のなり手がなく、私も直接お願いしたり。

松本人志も快く審査員を承諾してくれ、これも私には重要なことでした。

演者が納得するには、松本人志がいてくれないと困るのです。

当時彼は、若手のカリスマでしたから、快くオッケーしてくれ、私が引退するときもM−1頼むなの約束を守り、今もやってくれてることに感謝です。

そう言いながら、やめてから一回もM−1見てませんが、やめた世界に興味がないんでしょうね。(笑)

数年前、オール巨人と久々会って、M−1終わったばかりだったんでしょうね、飲みながら漫才大好きオール巨人は、私にミルクボーイの素晴らしさを熱く語りました。

いまいちの反応の私に巨人が、お前どう思うねん？　と聞きました。

私の答えは、それ誰？

本当にミルクボーイ知らないし。

そしたら熱血巨人が、お前作ったM−1ちゃんと見ろよと、怒りました。

まあ、今も道でミルクボーイに会ってもわかりませんが。

そんな思いの中、携帯に知らない番号から電話。

登録してない番号の電話は出ないので、ほっておいたら、昔のマネージャーから連絡あり、谷さんが話したいと、すぐに電話して久々の会話、電話口から懐かしい谷の声でした。

谷がしゃべる前に、俺がずーっと気になってることがある、M－1は俺と谷で作ったと熱く話してて俺の思いばかりしゃべってて、あれ？ 谷は用事があって電話してきたんだと。


で、何？

と聞くと、M－1の本を出すと、それで出版社が紳助さんに帯を書いてくれないかと言ってるんですが、全てを断ってるから無理だと思うけど一度電話してみると出版社に伝え、電話しましたと。

それを聞いたとき、心の中のモヤモヤが一気に吹き飛びました。

M－1は島田紳助が作ったと言われ、私ひとりが手柄を取ってるような後ろめたい気持ちがあり、私の中ではずーっと、俺と谷が作った、思い出の作品だと。

だから、断るわけがない、俺からやらせてくれとお願いしたいと。

そして今書いてる文章、携帯で送るから、本の最後にスペースあったら載せてくれーと頼みました。

お互い気がついたら、爺さんの歳になりました。
過去を思い出しそれを肴に酒を飲むという、典型的な爺さん。
その思い出が沢山ある方が、間違いなくうまい酒を飲めます。
私の人生において、Ｍ－１も最高の酒の肴です。
それは全て谷が、いたからと感謝しています。
谷、あの時Ｍ－１を商標登録しておいたらよかったなー。（笑）
凄く今幸せな気持ちになりました。
ありがとう

あとがきのあとがき

スマホに突然電話がかかってきた。表示を見ると「島田紳助」になっている。パニックになった。さっき入れ替えたばっかりの新しい番号だ。ということは紳助さん本人からだ。ぼくはたまらず、周囲に「紳助さんや」と叫んで、あわてて通話ボタンを押した。

紳助さんの熱い声が聞こえてきた。それは速射砲のように止まらなかった。

Ｍ－１の本を出すことになって今書いています。出版社の人がその本の帯を書いてくれと言ってまして、ぼくは無理やと断ったのですが……、とぼくが言い訳を始めると、

「おれは、おれひとりがＭ－１をつくったみたいに言われてるけど、ずっと気になってたんや。おれの中ではＭ－１は谷とふたりでつくったもんやという思いがずっとあってひっかかってたんや。帯はこっちから書かせてくれと頼みたいくらいや」

と、ぼくのことばをさえぎって言っていただいた。

涙が出てきた。ぼくのことなどすっかり忘れられてると思ってたのに。

そのあと、なんともうれしいことばが次から次へとショートメールに送られてきた。帯には書き切れない。

また電話がかかってきた。

「こんなんでいいかな」

「帯には長すぎます。あとがきにさせてください」

引退してからは、一切マスコミに登場することを拒否してきた紳助さんが、まさかこんなに熱い言葉を贈ってくださるとは思わなかった。

漫才プロジェクトであがいていたときに、紳助さんから「漫才のコンテストをやろう」と言われた。そのことばを頼りに動いた。

なぜあんなに動けたんだろう。

自分ひとりで考えてやったことだったら、あんなに自信を持って行動できなかったと思う。途中で挫折していただろう。

ところが、Ｍ－１は紳助さんと一緒につくろうとしたものだ。だからぼくは自信を持つことができた。

スポンサーが見つからなくても、テレビ局に断られても、参加者が集まらなくても、絶対やってやる、絶対できると思って行動した。

なぜかわからないが、心のどこかで絶対にうまくいくと確信していた。

紳助さんと一緒につくったからだ。

紳助さんがいなければ、あんな風に自信を持って行動できなかっただろう。


それに、紳助さんとぼくだけではなく、この本に書いたような、本当にたくさんの人のおかげでM－1はできました。

さらに、今も熱い思いを持ってM－1をつくり続けているスタッフがいます。

そして何よりも、第1回からM－1に挑戦し続けてきた何万人という漫才師の熱い思いがこめられているからこそ、M－1は今も輝き続けているのです。

おおげさやなあ、
最初はたったひとりの
プロジェクトやったのに。
でもそれがふたりになり、
3人になり、……こんな
大きなプロジェクトに
なりました!

やっぱり
漫才おもろいで。
これに尽きる!
しかし、突っ込みの言葉
いっぱいあるなあ。

資料1●漫才プロジェクトで作った
クリアファイル(左)と
チラシ(31 ページ参照)

資料2●M-1グランプリ開催を伝える
新聞記事(140 ページ参照)
出所:デイリースポーツ、朝日新聞朝刊、
日刊スポーツ、スポーツ報知、スポーツニッポン
(いずれも2001年8月11日付)

こんなに
書いてもらえるとは
思ってもなかったです。
22年前、これがM-1の
鮮烈デビューでした。

誰やこんな
表紙にしたのは?!
表紙の色にあわてました。
2年目からが正解です。

資料3●M-1グランプリ2001と
2002の台本(217 ページ参照)

著者プロフィール

谷 良一（たに・りょういち）

1956年滋賀県生まれ。京都大学文学部卒業後、81年吉本興業入社。横山やすし・西川きよし、笑福亭仁鶴、間寛平などのマネージャー、「なんばグランド花月」などの劇場プロデューサー・支配人、テレビ番組プロデューサーを経て、2001年漫才コンテスト「M-1グランプリ」を創設。10年まで同イベントのプロデューサーを務める。よしもとファンダンゴ社長、よしもとクリエイティブ・エージェンシー専務、よしもとデベロップメンツ社長を経て、16年吉本興業ホールディングス取締役。20年退任。大阪文学学校で小説修業、あやめ池美術研究所で絵の修業を始めるかたわら、奈良市の公益社団法人ソーシャル・サイエンス・ラボで奈良の観光客誘致に携わる。23年、雑誌『お笑いファン』で谷河良一名義で小説家デビュー。

M-1はじめました。

2023年11月28日　第1刷発行
2023年12月25日　第3刷発行

著　者――谷　良一
発行者――田北浩章
発行所――東洋経済新報社
〒103-8345　東京都中央区日本橋本石町1-2-1
電話＝東洋経済コールセンター　03(6386)1040
https://toyokeizai.net/

ブックデザイン…………鈴木成一デザイン室
カバーイラスト…………平尾雅一
DTP………………天龍社
編集協力……………真田晴美
プロモーション担当……笠間勝久／中田さち衣
印　刷………………図書印刷
編集担当……………長谷川愛
Printed in Japan　　ISBN 978-4-492-04755-2